LEIGOS
MISSIONÁRIOS
na perspectiva do discipulado de Jesus

GELSON LUIZ MIKUSZKA

LEIGOS
MISSIONÁRIOS
na perspectiva do discipulado de Jesus

EDITORA
SANTUÁRIO

Direção editorial:	Pe. Fábio Evaristo R. Silva, C.Ss.R.
Conselho editorial:	Ferdinando Mancilio, C.Ss.R.
	Marlos Aurélio, C.Ss.R.
	Mauro Vilela, C.Ss.R.
	Ronaldo S. de Pádua, C.Ss.R.
	Victor Hugo Lapenta, C.Ss.R.
Coordenação editorial e Revisão:	Ana Lúcia de Castro Leite
Diagramação e Capa:	Mauricio Pereira

Dados Internacionais de Catalogação na Publicação (CIP)
(Câmara Brasileira do Livro, SP, Brasil)

Mikuszka, Gelson Luiz
    Leigos missionários: na perspectiva do discipulado de Jesus / Gelson Luiz Mikuszka. – Aparecida, SP: Editora Santuário, 2018.

    Bibliografia.
    ISBN 978-85-369-0537-2

    1. Evangelização 2. Ministério – Igreja Católica 3. Missionários leigos I. Título.

18-13871   CDD-266

Índices para catálogo sistemático:
1. Missionários leigos: Cristianismo 266

1ª impressão

Todos os direitos reservados à EDITORA SANTUÁRIO – 2018

Rua Pe. Claro Monteiro, 342 – 12570-000 - Aparecida-SP
Tel.: 12 3104-2000 – Televendas: 0800 - 16 00 04
www.editorasantuario.com.br
vendas@editorasantuario.com.br

SUMÁRIO

Siglas de documentos 7

Introdução 9

1. Aproximando o leigo do discipulado de Jesus 11
2. O discípulo missionário age na força do Espírito Santo 15
3. Ministério eclesial: o modo de o discípulo agir para
   evangelizar 27
4. Três razões para que os leigos evangelizem 47
5. A formação para o discipulado missionário de Jesus 73
6. A ação evangelizadora do discípulo missionário de Jesus ... 87

Considerações conclusivas 109

Referências bibliográficas 113

SIGLAS DE DOCUMENTOS

AA - Decreto *Apostolicam Actuositatem*
AG - Decreto *Ad Gentes*
CDC - Código de Direito Canônico
CERIS - Centro de Estatísticas Religiosas e Investigações Sociais
CF - Campanha da Fraternidade
ChL - Exortação Apostólica *Christifideles Laici*
CIC - Catecismo da Igreja Católica
CDC - Código de Direito Canônico
CEBs - Comunidades eclesiais de base
CNBB - Conferência Nacional dos Bispos do Brasil
CRB - Conferência dos Religiosos do Brasil
DAp - Conferência Episcopal Latino-americana de Aparecida
DCE - Encíclica *Deus Caritas Est*
DGAE - Diretrizes Gerais da Ação Evangelizadora da Igreja no Brasil
DH - Decreto *Dignitatis humanae*
DI - Discurso Inaugural
DV - Constituição Dogmática *Dei Verbum*
EAm - Exortação Apostólica *Ecclesia in America*
EE - Encíclica *Ecclesia de Eucharistia*
EEA - Exortação Apostólica *Ecclesia in Asia*
EEr - Exortação Apostólica *Ecclesial in Europa*
EG - Exortação Apostólica *Evangelii Gaudium*
EN - Exortação Apostólica pós-sinodal *Evangelii Nuntiandi*
ENP - Encontro Nacional de Presbíteros
FR - Encíclica *Fides et Ratio*
GS - Constituição Pastoral *Gaudium et Spes*

HS - Constituição Apostólica *Humanis Salutis*
LE - Encíclica *Laborens Exercens*
LG - Constituição Dogmática *Lumen Gentium*
LS - Encíclica *Laudato Si'*
Med - Conferência Episcopal Latino-americana Medellín
MC - Encíclica *Mystici Corporis*
MM - Encíclica *Mater et Magistra*
NMI - Carta Apostólica *Novo Millennio Ineunte*
OA - Carta Apostólica *Octagesima Adveniens*
OT - Decreto *Optatam Totius*
PB - Conferência Episcopal Latino-americana de Puebla
PE - Plano de Emergência
PO - Decreto *Presbyterorum Ordinis*
PPC - Plano Pastoral de Conjunto
RM - Encíclica *Redemptoris Missio*
RN - Encíclica *Rerum Novarum*
SA - Encíclica *Slavorum Apostoli*
SC - Constituição *Sacrosanctum Concilium*
SD - Conferência Episcopal Latino-americana de Santo Domingo
SRS - Encíclica *Sollicitudo Rei Socialis*
UR - Decreto *Unitatis Redintegratio*

Introdução

A Igreja no Brasil iniciou o ano do laicato na festa de Cristo Rei, em novembro de 2017, e destacou no tema principal o protagonismo dos cristãos leigos numa Igreja em saída a serviço do Reino. No lema foram destacados a atitude de ser sal da Terra e luz do mundo. A festa de Cristo Rei ilustra o ano do laicato de um modo especial porque o sacerdócio régio de Cristo faz de todos os cristãos – leigos ou ordenados – missionários régios de Cristo (cf. LG 36). A real missão de Jesus, segundo o Novo Catecismo, é reinar servindo o próximo (cf. CIC 786). Nesse sentido, os cristãos são convidados a participar na missão de Cristo, que reina agindo pela caridade.

A realeza de Cristo conduz os cristãos ao discipulado porque autoriza todos a servirem através dos ministérios eclesiais. O chamado a ser e fazer discípulos, proferido no último capítulo do evangelho de Mateus, designa que todo cristão – leigo ou ordenado – deve assumir o serviço de fazer discípulos missionários de Jesus (cf. Mt 28,19-20). Isso evidencia a ação de todos para com a própria salvação e para com a do próximo, confirmando que o discípulo missionário de Jesus adentra na realeza de Cristo quando testemunha a fé servindo com caridade. Mas, qual é o critério para isso?

Os evangelhos apontam diversas ocasiões em que Jesus envia seus discípulos a servirem o próximo. Por exemplo, ele os convida a organizarem a multidão no episódio do milagre dos pães (cf. Mt 14,13-21; Lc 9,13-17); ele envia os discípulos a servirem em missão, acolhendo as necessidades do povo (cf. Mt 10,5-7; Lc 10,1-24); ele chama os discípulos a cuidarem do próximo em suas necessidades básicas (cf. Mt 25,25-46). Tais exemplos confirmam que ser discípulo é agir desde a fé servindo o outro, sendo missionário. O modo mais pontual do cristão agir é pelos ministérios eclesiais, mostrando sua fé em Jesus pelo anúncio e testemunho. A ação ministerial, portanto, é um critério básico para realizar esse serviço e identificar o discipulado de Cristo. Mas, isso reivindica melhor esclarecimento sobre a relação do discípulo com os ministérios eclesiais e requer demonstrar elementos que fundamentem a ação ministerial como critério de identificação e de missionariedade do leigo. Isso é o que pretendemos mostrar neste livro.

# Aproximando o leigo do discipulado de Jesus

A V Conferência dos bispos latino-americanos, realizada em 2007, na cidade de Aparecida, no Brasil, focou o tema do discípulo missionário de Jesus[1]. O objetivo foi intensificar a ação missionária e evangelizadora de todos os que agem na Igreja latino-americana. Tal identificação deveria estimular todos a promoverem o anúncio do Evangelho nessa realidade que, a exemplo da condição do mundo atual, está profundamente implicada com constantes mudanças. Ao definir o discípulo como promotor do anúncio do Evangelho, que é uma ação ministerial, a referida Conferência aproxima este dos ministérios. Contudo, os bispos não deixaram isso bem claro, nem definiram quem é e como age esse discípulo missionário de Jesus. Tal reflexão seria uma grande oportunidade de inserir mais os leigos na ação missionária da Igreja deste continente. O documento final dessa Conferência foi tímido em relação a isso e se refere apenas 51 vezes ao conceito "leigo", bem menos que nas Conferências anteriores. Por exemplo; na Conferência de Medellín tal conceito aparece 66 vezes, na de Puebla 114 vezes e na de Santo Domingo 108 vezes. Entretanto, a nosso ver, a baixa incidência desse conceito na Conferência de Aparecida não é toda negativa, pois pode significar, mesmo que de modo discreto, uma preocupação em identificar o discipulado de Jesus tanto com os leigos quanto com os presbíteros e religiosos. Uma evidência disso é que o conceito "presbítero" aparece ali por 42 vezes e o conceito "sacerdote" por 28 vezes. Sem contar que o conceito "leigo" sempre está próximo dos concei-

---

[1] O conceito discípulo aparece no referido Documento por mais de duas centenas de vezes.

tos "presbíteros" e "religiosos" (cf. DAp 99). O Concílio Vaticano II auxilia nessa afirmação sobre todos os ministérios contemplarem o discipulado quando diz que os leigos são "irmãos" dos pastores (cf. LG 32/ 37a).

Do mesmo modo, os bispos da Conferência de Aparecida definem que a missão do cristão é comunicar o evangelho do Reino a todas as nações (cf. Mt 28,19; Lc 24,46-48), vinculando-se a Cristo como amigo e irmão, sendo testemunha do mistério do Pai, da morte e ressurreição de Jesus (cf. DAp 144). A missão não se limita a um programa ou a um projeto, mas sim em compartilhar a experiência de fé em Cristo, testemunhá-lo e anunciá-lo a todos (cf. DAp 145). Comunicação da fé em Cristo e testemunho disso pela ação gratuita e solidária em prol do próximo, a nosso ver, são os elementos que definem a missão do discípulo. Com isso, pode-se afirmar que se o ministério é ação, então todos os que agem nos ministérios, segundo os critérios cristãos, podem ser discípulos missionários.

A proximidade entre os ministérios com o discipulado e a missionariedade aparece já nos primeiros séculos do cristianismo (séc. I - IV), quando todos os cristãos, sem nenhuma distinção, são seguidores do "Caminho"[2] de Jesus, assumindo e vivendo de modo radical o anúncio do Evangelho através de algum ministério. Entretanto, quando, a partir do século IV, o poder eclesial e o poder político firmaram uma aliança quase indissociável, e a teologia cristã ganhou elementos filosófico-gregos, o magistério hierárquico ganhou muito mais respaldo em detrimento dos leigos e, com isso, o discipulado de Jesus foi espontaneamente agregado ao ministério ordenado, ligado diretamente à hierarquia eclesial. A oficialização da coalização entre Império e Igreja, confirmada pela Reforma Gregoriana, no século XI, e reafirmada pelo Concílio de Trento, no século XVI, efetivou a valorização do ministério da ordem e distanciou o discipulado de Jesus dos ministérios dos leigos. É certo que

---

[2] Trata da vida cristã e do cristianismo. O caminho foi um dos primeiros nomes que os cristãos deram à sua nova vida de convertidos a Jesus. Para eles, a vida nova era um caminho novo. Jesus pediu que seguissem nesse caminho (cf. COMBLIN, José. *O caminho*: ensaio sobre o seguimento de Jesus. São Paulo: Paulus, 2005, p. 7).

os leigos continuaram agindo em seus ministérios de modo anônimo pela transmissão da fé nas famílias. Pais e mães continuaram seguindo o Caminho de Jesus, sendo discípulos missionários, ao ensinarem a fé aos filhos. Contudo, isso não foi dignamente reconhecido nem possibilitou de modo claro uma reflexão dos ministérios dos leigos em sua proximidade com o discipulado de Jesus. É sabido que nos tempos atuais a transmissão da fé pela família tem perdido força. O avanço das tecnologias e a correria diária quase que anula a conexão entre pais e filhos, dificultando a vivência e a transmissão da fé na família[3]. Esse dado impele a Igreja a repensar o discipulado de Jesus, pois a mensagem de Cristo precisa ser anunciada. Nessa visão dos bispos da Conferência de Aparecida essa retomada é necessária e urgente. Essa premência em relação à ação missionário-evangelizadora eclesial, observamos a importância de se repensar a teologia e a ação do discípulo missionário desde todos os ministérios eclesiais, sem exceção e sem distinção. A nosso ver, a ação ministerial de todos – agentes pastorais, padres, religiosos e missionários em geral – indica o discipulado e mostra sua importância para a missão e a evangelização no mundo atual.

O livro dos Atos dos Apóstolos confirma isso quando diz que o discípulo age na força do Espírito Santo, sendo testemunha de Jesus em todos os lugares (cf. At 1,8). A Conferência de Aparecida diz que a ação ministerial é um serviço principiado na força do Espírito Santo e que os carismas e ministérios são dons pelos quais acontece a caridade (cf. DAp 157; 162). O apóstolo Paulo diz que a Palavra habita ricamente na vida do discípulo de Jesus (cf. Cl 3,5-17). Todas essas afirmações valorizam os ministérios, sem destacar este ou aquele. Isso leva-nos a concluir que toda pessoa que age através de um ministério eclesial sempre age na força do Espírito, vivendo numa dinâmica humano-espiritual[4]. Essa interação de forças nos faz ver que agir na Igreja, segundo a lei de Cristo, que é a lei do amor, possibilita mais liberdade pessoal e impele a

---

[3] BAUMAN, Zigmunt. *Sobre educação e juventude*: conversas com Riccardo Mazzeo. Rio de Janeiro: Zahar, 2013, p. 17.

[4] COMBLIN, *O tempo da ação*, 1983, p. 15.

produzir os frutos do Espírito que manifestam o Reino de Deus[5]. Assim, ministros leigos ou ordenados que se abrem à força divina se tornam livres, pois, segundo o apóstolo Paulo, uma pessoa que age na força do Espírito torna-se uma pessoa nova e, por isso, é uma pessoa livre (cf. 2Cor 5,17). Nesse sentido, todos os ministros eclesiais, sem qualquer distinção de ministérios, podem ser identificados como discípulos de Jesus desde que vivam sempre orientados pelo Evangelho, ajam na força do Espírito em prol do bem comum e, em sua ação, manifestem e anunciem o Reino de Deus.

---

[5] HÄRING, Bernhard. *A lei de Cristo*: teologia moral para sacerdotes e leigos Tomo I. São Paulo: Herder, 1960, p. 335.

2

O DISCÍPULO MISSIONÁRIO AGE NA FORÇA DO ESPÍRITO SANTO

O discipulado cristão é uma das dimensões centrais do cristianismo e está aberta a todos. Tal dimensão começou com que, em sua missão, reuniu pessoas simples, em sua maioria pescadores, e lhes deu o ministério de "pescarem homens" (cf. Mt 4,18-20; 28,18-20; Mc 1,16-20; 16,15-18; Lc 5,1-11). O ministério de cada discípulo de Jesus tinha como finalidade a missão de edificar o novo povo de Deus[1]. Com isso, refletir sobre o leigo missionário na perspectiva do discipulado de Jesus significa contemplar um importante elemento teológico da fé cristã e ampliar consideravelmente a dimensão missionário-evangelizadora da Igreja. Por essa razão, a Conferência de Aparecida acertadamente centraliza sua reflexão nesse tema (cf. DAp 11). No entanto, é preciso insistir que o discipulado está relacionado de forma direta a todas as pessoas que agem nos ministérios, evidenciando que ser discípulo missionário de Jesus requer assumir algum ministério eclesial para comunicar a vida nova em Cristo (cf. DAp 347-546). Mas, não há como fazê-lo sem viver, testemunhar e anunciar isso através dos ministérios.

Ao dizer que a fé sem obras é morta, o apóstolo Tiago retrata que a vivacidade eclesial está no agir (cf. Tg 2,14-26). Ora, a Igreja age pela pastoral e a pastoral é realizada pelos ministérios que vivem a missão e evangelizam. Isso estabelece a necessidade de se valorizar todos os ministérios eclesiais para que essa vivacidade não deixe de acontecer[2]. Quando o apóstolo Paulo diz que o Espírito vivifica a Igreja (2Cor 3,6), ele afirma que sem a ação do Espíri-

---

[1] Cf. RATZINGER, Joseph. *Os apóstolos e os primeiros discípulos de Cristo*. São Paulo: Planeta do Brasil, 2012, p. 12.

[2] COMBLIN, José. *Vocação para a liberdade*, 1998, p. 6.

to Santo os ministérios agem somente pelas forças humanas. Sem o Espírito, a ação pode ser realizada, mas ela pode ser puramente humana: racional, antropológica e objetiva. A ação simplesmente humana também pode promover a construção da realidade, mas será uma ação fria e sem vida[3]. Ao falar com Nicodemos sobre a necessidade de nascer de novo pela água e pelo Espírito, Jesus se distancia dessa ação puramente racional, presa à lei, e sugere uma ação missionário-pastoral de dimensão humano-espiritual, ou seja, uma ação livre desde a fé (cf. Jo 3,3.5). A interação das forças humanas com a força do Espírito vai além da racionalidade. No entanto, ela não é irracional, mas também não é puramente racional. Essa ação inteirada com o Espírito Santo é livre porque, segundo o apóstolo Paulo, onde está o Espírito também está a liberdade (cf. 2Cor 3,17) e é capaz de fazer surgir na história uma realidade de ordem divina desde o humano, ou seja, uma ordem mais fraterna e mais solidária[4].

A interação entre as forças humanas com a força de Deus aproxima o divino das realidades do mundo e estimula uma teologia que une a dimensão existencial do ser humano com a dimensão transcendental[5]. Isso sugere um novo modo de viver, que implica em reconhecer-se filho de Deus: "Deus enviou o Espírito do seu Filho a nossos corações, que clama: Abba, Pai!" (Gl 4,6). Sentir-se filho de Deus é identificar-se com Jesus, o Filho, que liberta da escravidão. Ser filho de Deus é ser livre (cf. Gl 4,7). Sendo filho com o Filho (cf. Jo 2,5), o discípulo de Jesus, aberto à ação do Espírito (cf. DAp 263; 350), vive e age em plena interação com a força do Espírito (cf. Lc 4,1.14-21). Essa dimensão pode ser vivida por todos os cristãos, sem nenhuma distinção, criando uma nova identidade pessoal, pois, segundo a CNBB, a ação na força do Espírito promove a "construção da identidade da pes-

---

[3] RAHNER, Karl. *Curso fundamental da fé*: introdução ao conceito do cristianismo. São Paulo: Paulus, 2008, p. 33. Aqui, optamos em observar a liberdade na visão de Rahner porque é um dos maiores teólogos europeus a contribuir com o Concílio Vaticano II. Desde a década de 1960, ele já pesquisava sobre a liberdade, embora sua definição a respeito desse assunto tenha forte conotação filosófica.

[4] COMBLIN, *O tempo da ação*, 1982, p. 11.

[5] Cf. ibidem, p. 46.

soa e da liberdade autêntica na atual sociedade" (CNBB, DGAE, 2008-2010, n. 106). Em tal afirmação, todos são chamados a essa experiência, sem distinção de ministérios. Agir na força do Espírito concretiza a autonomia na ação[6] e capacita a pessoa a estabelecer relações fraternas, solidárias e livres na sociedade (cf. Mt 4,18-21; Mc 1,16-19; Lc 5,1-7; Jo 1,35-51).

O apóstolo Paulo entende o homem novo como alguém que, pela fé, age de modo livre[7], pois "Cristo nos libertou para que vivêssemos em liberdade" (Gl 5,1). Nessa concepção, uma pessoa que se deixa guiar pelo Evangelho na força do Espírito é uma pessoa nova, pois deixa de viver somente segundo suas forças naturais, mas assume uma nova vida que se faz concreta através dos ministérios eclesiais.

O Espírito Santo como fonte da ação missionária do discípulo

Admitir que a força do Espírito Santo interage com as forças humanas é assumir que toda pessoa pode interagir com as forças divinas e assim tornar-se discípula de Jesus. Para o apóstolo Paulo, "o Espírito era o que os identificava [os cristãos] como sendo de Cristo"[8]. Sem a força do Espírito, não há discípulos de Jesus, pois a pes-

---

[6] Entendemos por autonomia quando a pessoa decide dispensar livremente uma lei que não lhe realiza, nem lhe dá sentido. Por exemplo, o livro do Gênesis explicita a autonomia divina em conceder ao ser humano a liberdade para recriar o mundo (cf. Gn 7). A autonomia divina dá ao ser humano autonomia para trabalhar na terra, colocando-o como ator ou protagonista, sem ter de esperar a ação de Deus. A autonomia valoriza o ser humano e respeita seu processo histórico, respeita os processos da realidade sem perder a utopia do Reino. O princípio de autonomia considera que nenhuma verdade é única sem discussão; tudo pode ser melhorado. Outrossim, a autonomia não significa ser independente e dono de si mesmo, como considera o pensamento liberal moderno, senão em tomar decisões responsáveis que condigam com o bem de todos. No âmbito da educação, autonomia significa o convencimento do sujeito acerca de seu modo de agir, desautorizando qualquer tipo de manipulação e chantagem.

[7] Cf. DUNN, James. *A teologia do apóstolo Paulo*. São Paulo: Paulus, 2003, p. 377.

[8] DUNN, *A teologia do apóstolo Paulo*, 2003, p. 480.

soa agirá pelas suas forças naturais, viverá a partir de interesses nem sempre relacionados ao seu carisma e, por isso, não assumirá um ministério e terá uma liberdade limitada[9]. Aberta à força do Espírito, ela participará na liberdade de Deus, assumirá um ministério desde o carisma que possui e seguirá o Caminho de Jesus, podendo ser identificada como discípula. Ao dizer que pessoas movidas na força do Espírito são livres do medo e agem com coragem, o evangelista João mostra que o discípulo de Jesus assume a fé certo de que Deus age com ele: "Pelo Espírito, eles [os discípulos] recordam as palavras que Jesus disse e as compreendem em profundidade, superam o medo, vencem o mundo e testemunham a comunidade de amor que é a Igreja (Jo 14,26; 16,13)"[10]. Essa ideia possibilita pensar que a consciência de agir conjuntamente com o Espírito Santo capacita o cristão e a cristã a agirem de modo livre e a assumirem com coragem os desígnios da fé, tornando-os concretos em seus ministérios[11].

Agir pela fé em Cristo, como dissemos acima, é agir de modo missionário, impulsionado na força do Espírito, pois Cristo prometeu essa força: "...recebereis uma força quando o Espírito Santo vier sobre vós..." (At 1,8). Essa ação parte do interior do ser humano e se faz concreta no mundo[12]. Se a subjetividade é o mundo interno do ser humano, composto por emoções, sentimentos e pensamentos; e a objetividade é a ação na realidade concreta, então, o carisma dado pelo Espírito é subjetivo, mas se torna real e concreto através do ministério, que é o serviço desde a fé, orientado pelo Evangelho e em prol do bem comum. Entretanto, ser missionário não é simplesmente agir, mas estar ligado a uma comunidade, ouvir os ensinamentos do Evangelho e manifestar o Reino de Deus através das atitudes que produzem os frutos do Espírito (cf. Gl 5,22-23). Nesse sentido, assumir um ministério é agir na força divina para viver a prática do amor na mais profunda alteridade. Deus não faz distinção de pessoas e age com sua força

---

[9] Cf. HÄRING, Bernhard. *A lei de Cristo*: Teologia Moral: Moral Geral: vol. I. São Paulo: Herder, 1964.

[10] A BÍBLIA: Novo Testamento. São Paulo: Paulinas, 2015, p. 236.

[11] Cf. COMBLIN, José. *A força da Palavra*, 1986, p. 120.

[12] Cf. RAHNER, *Curso fundamental da fé*, 2008, p. 51.

em todos (cf. At 10,43). Todo ser humano pode abrir-se a essa força divina para colocar a fé em prática e anunciar o Evangelho[13]. Quanto mais age inteirada com o Espírito Santo e coerente com o Evangelho, mais a pessoa age em prol do bem comum e menos pelos interesses próprios, demonstrando seguir livremente o Caminho de Jesus. Uma fé isolada nos interesses próprios, distante do serviço ao próximo, condiz com o fechamento em si mesmo, com a distância da força do Espírito e com um não seguimento do Caminho de Jesus. Uma fé aberta à ação do Espírito, anunciadora do Evangelho em palavras e ações sempre se volta ao bem comum, condizendo com o seguimento do Caminho proposto por Jesus (cf. DAp 348). A coragem e a liberdade da ação ministerial – de cristãos leigos ou ordenados – vêm da força do Espírito cuja índole está no ensinamento de Jesus (cf. At 2,1-41).

A ação do Espírito Santo no discípulo

Ao dizermos que a ação ministerial é um critério para identificar o discipulado de Jesus, seja em ministros ordenados ou leigos, estamos em consonância com a teologia de Santo Irineu de Lyon, quando diz: "Deus [Pai] age para libertar seu povo, por meio de suas duas mãos, que são o Filho e o Espírito"[14]. Se o Espírito Santo é a "força divina" que faz o Filho agir no mundo e se os evangelhos orientam essa ação[15], então, todos que tiverem contato com o Evangelho e agirem na força do Espírito em prol do outro, vivem um ministério, que condiz com a força do Espírito e com a orientação de Jesus, nos evangelhos. São as duas mãos de Deus Pai que testemunham e anunciam uma vida nova. No Decreto

---

[13] Cf. SOBRINO, *Jesus, o libertador*: a história de Jesus de Nazaré: Coleção Teologia e Libertação: série II: O Deus que liberta seu povo. São Paulo: Vozes, 1994, p. 71.

[14] Cf. COMBLIN, *O tempo da ação*, 1982, p. 21.

[15] Cf. idem, *Vocação para a liberdade*, 1998, p. 243. A noção do Espírito como "força" é originária da tradição judaica, expressa no Novo Testamento, em especial em Lucas. A tradição judaica entende o *"ruah"* como "força da vida" soprada nas narinas do homem.

Apostolicam Actuositatem, o Concílio Vaticano II confirma essa sentença quando diz que o Espírito confere a cada pessoa – leigo ou ordenado – o direito, o dever e a liberdade de agir na Igreja e no mundo para o bem de todos (cf. AA 3). Portanto, o Espírito é a força da ação do discípulo e o Evangelho é o Caminho pelo qual ele deve seguir.

O teólogo alemão Jürgen Moltman afirma que toda pessoa nasce com a força do Espírito. Ele observa que o Pai Criador, dá ao ser humano o primeiro sopro de vida e ali infunde em cada um a força do Espírito, que permanece "inconsciente" até ser despertada[16]. Esse autor se inspira no Antigo Testamento, em que se diz que o Espírito Santo é o sopro de Deus que enche a vastidão da terra (cf. Sb 8,1), dando vida à toda criatura (cf. Sl 104,29-30), habitando em todos desde o primeiro sopro de vida (cf. Gn 2,7). A primeira Carta aos Tessalonicenses também afirma a habitação do Espírito em toda pessoa (cf. 1Ts 4,8). Do mesmo modo, Thomas Merton, monge trapista (1915-1968), reconhece que Adão foi criado não como um simples animal, mas sim como filho movido por Deus, trazendo consigo o sopro divino: "'sopro' é o mesmo que 'Espírito'"[17]. Para Merton, quando "Deus soprou no rosto de Adão, tudo ficou vivo no ser humano", sendo que Deus estava em Adão e Adão vivia em Deus: "A intimidade dessa união tornou-se clara para nós ao considerarmos o conceito paulino de *pneuma*"[18]. Após a "queda", ou "expulsão do paraíso", Adão passou a viver somente pelo humano, sem ser movido na força do Espírito divino, confirmando que essa força divina habita em cada um, mas também pode adormecer.

Em contraponto à ideia de Moltmann e de Merton, o Decreto *Ad Gentes* considera que o Espírito procede do Pai e "desceu sobre os discípulos para permanecer eternamente com eles" (AG 1). Num primeiro momento, "descer" contraria o que diz Moltmann e Merton, pois inspira a pensar o Espírito como algo que vem de fora,

---

[16] Cf. MOLTMANN, Jürgen. *A fonte de vida*: o Espírito Santo e a teologia da vida. São Paulo: Loyola, 2002, p. 23.

[17] MERTON, Thomas. *O homem novo*. Petrópolis: Vozes, 2006, p. 30.

[18] Ibidem, p. 37.

em determinado momento da vida do ser humano. Entretanto, esse Decreto não fala das condições em que o Espírito "desceu" e, por isso, não contradiz a possibilidade de o Espírito proceder do Pai pelo sopro divino, nem tira a possibilidade de que, no evento do Pentecostes, a força desse Espírito já habitava nos discípulos, abrindo a possibilidade de afirmar que naquele momento ela foi despertada.

Quando Moltmann sugere que o Espírito habita no ser humano desde seu primeiro momento de vida; e quando Merton diz que somente o Espírito torna a pessoa viva, como um sopro de graça, possibilita-se pensar em uma teologia distante do extrincesismo teológico dominante na teologia até a primeira metade do século XX, e que foi amplamente combatido por Rahner[19]. No entanto, ao colocar a procedência do Espírito de Deus em toda pessoa, Moltmann assegura a ação do Espírito no leigo, mas também toca numa questão teológica não muito tranquila para a Igreja, que foi o debate sobre o *Filioque*, surgido pelo acréscimo que os teólogos latinos fizeram no Credo cristão de o Espírito proceder do Pai e do Filho[20]. Tal acréscimo originou uma calorosa controvérsia na Igreja, que contribuiu para com o Cisma do Oriente que, em 1054, separou a Igreja em ocidental e oriental: romana e ortodoxa. Os cristãos orientais acusavam os ocidentais de terem alterado o Símbolo da Fé. No fim do século XIX, na Encíclica *Divinum Ilud Munus*, o Papa Leão XIII retoma a ideia de que o Espírito procede do Pai, afirmando que o Pai é o princípio de toda Trindade e a causa do Verbo e do Espírito, o santificador[21]. Por sua vez, ao refletir a ideia de que o Espírito vem do Pai e do Filho, Moltmann cita o historiador Boris Bolotov, que situa o Filho tão próximo ao

---

[19] Acerca da graça, Rahner combatia o extrincesismo dizendo que a pessoa possui a graça desde sempre e não a recebe de fora (cf. RAHNER, Karl. *Sobre la relación entre la naturaleza y la gracia*. Escritos de Teología I. Madrid: Taurus Edicionaes, 1967, p. 342-343). Extrincesismo é a tendência em apresentar a graça como algo vindo de fora, como um adicional determinado e enviado por Deus, sem considerar a liberdade e a comunicação da pessoa com o divino. O extrincesismo determina o sagrado destituindo a retitude do coração do ser humano.

[20] DENZINGER-HÜNERMANN. *Compêndio dos símbolos, definições e declarações de fé e moral*. São Paulo: Paulinas/Loyola, 2007, n. 150.

[21] Cf. Ibidem, n. 3326.

Pai que o torna "pressuposição" lógica e "condição" efetiva para a procedência do Espírito, a partir do Pai. Assim, o Espírito procede do Pai e do Filho porque as relações mútuas e intensas entre essas duas pessoas trinitárias torna isso possível[22].

Essa discussão é importante, pois ao saber da procedência da força divina, o leigo ou ordenado age em seu ministério de modo corajoso e tem consciência sobre a necessidade de, em sua ação, despertar a força divina que pode estar adormecida em seus interlocutores, buscando melhores maneiras de anunciar o querigma, que é o ponto central para o despertar dessa força. A interação com a força divina dá à pessoa condições de agir com liberdade em seu ministério e lhe capacita para se desprender dos medos. Enfim, dá-lhe condições de saber se a ação missionário-evangelizadora está anunciando o querigma de modo eficaz e satisfatório.

A ação do Espírito e o sacramento do Batismo

A Igreja ensina que o Batismo é "o fundamento de toda a vida cristã, o pórtico da vida no Espírito (Vitae Spiritualis ianua) e a porta que abre o acesso aos demais sacramentos" (CIC 1213). O Batismo liberta do pecado, torna a pessoa um membro de Cristo e a incorpora à Igreja, fazendo-a participante da missão eclesial. O Batismo é o ponto de partida para que a pessoa viva o Caminho proposto por Jesus e momento especial do anúncio do querigma para que a pessoa desperte, assuma um ministério e se torne discípula. Um pouco mais adiante, o Catecismo diz que o Batismo e o Crisma são dois modos de se orientar a ação do cristão (cf. CIC 1241-1242; 1287). No entanto, inspirado no apóstolo Paulo, Comblin diz que "não é apenas através dos sacramentos e dos ministérios que o Espírito santifica e conduz o Povo de Deus, mas partindo dos seus dons"[23]. O Espírito age pelos sacramentos, mas também de outros modos. No conceito de cristãos anônimos, Rahner diz

---

[22] Cf. MOLTMANN, Jürgen. *Trindade e Reino de Deus*: uma contribuição para a teologia. Petrópolis: Vozes, 2011, p. 190.

[23] Idem, *O povo de Deus*, 2002, p. 50.

que o espírito de Cristo também se faz presente naqueles que não participam do cristianismo: "existe um cristianismo anônimo e implícito"[24]. Isto é, uma pessoa pode agir para o bem sem nunca ter ouvido o Evangelho ou sem ter sido batizada. Entretanto, mesmo que suas ações condigam com as de Cristo, essa pessoa não seria necessariamente discípula de Jesus, pois não teria consciência do Caminho proposto por Cristo e não estaria agindo através de um ministério, em razão de não conhecer a mensagem cristã dada pelo anúncio do querigma. Mesmo que ela tenha agido na força do Espírito, ela não tem consciência dessa força. Ao falar sobre a Igreja dos primeiros séculos, Francisco Taborda diz que "o Batismo era um dado tão básico para a pregação inicial, tão evidente na vida da comunidade e tão indiscutível em seu valor, que nenhuma polêmica surgiu a propósito dele para exigir ulterior explicação por escrito"[25]. Isso significa que o Batismo era a resposta da pessoa ao anúncio querigmático e o ponto inicial da caminhada para o discipulado. Em si, pelo Batismo, a pessoa confirma estar consciente de que o Espírito Santo age nela, e assume isso publicamente, tanto na vida cotidiana quanto na ação ministerial.

Não compete aqui elaborar uma teologia do Batismo, mas ele envolve o discipulado de todo cristão. Ele promove a igualdade dos direitos para agir na e em nome da Igreja: "para falar da Igreja é preciso partir da igualdade fundamental entre todos os batizados-crismados"[26]. Assim, o sacramento do Batismo é a resposta públi-

---

[24] RAHNER, *Curso fundamental da fé*, 2008, p. 360. Este conceito sofre críticas atualmente. Por exemplo, o teólogo francês Christian Duquoc alega que essa proposta de Rahner é insatisfatória para a modernidade, parecendo um pouco prepotente, no sentido de que somente é positivo nas outras tradições aquilo que os cristãos julgam como tal, ignorando a singularidade de cada cultura. A salvação se dilata na história pela ação imprevisível e dinâmica do Espírito (cf. Jo 3,8). Somente o Espírito é capaz de possibilitar a positividade de cada fragmento (cf. DUQUOC, Christian. *O único Cristo*: A sinfonia adiada. São Paulo: Paulinas, 2008, p. 168. Citado por CARRARA, Paulo Sérgio. Apologia do fragmento: pertinência teológica da sinfonia adiada de Christian Duquoc. *Revista Horizonte*, Belo Horizonte, v. 13, n. 40, out./dez. 2015, p. 2036-2063. Neste artigo a citação se encontra na página 2054).

[25] TABORDA, Francisco. *Nas fontes da vida cristã*: uma teologia do batismo-crisma. São Paulo: Loyola, 2001, p. 19.

[26] Ibidem, p. 221.

ca de fé da pessoa, o sim à participação da comunidade eclesial e o compromisso consciente com a ação ministerial. Nos Atos dos Apóstolos, logo após o Pentecostes, Pedro levantou e anunciou o querigma. Ao sentirem-se tocados, seus ouvintes perguntaram o que deveriam fazer. Um dos conselhos foi o Batismo (cf. At 2,1-40). O Batismo veio logo após o anúncio do querigma e, por isso, a prática dos primeiros cristãos era a de batizar somente quem se convertia ao "Caminho", sendo que o Batismo era sinônimo de resposta a essa conversão[27]. Nesse sentido, o Batismo é a resposta de engajamento da pessoa na ação eclesial diante do anúncio ouvido e assumido.

Isso significa que o Batismo e o Crisma estão profundamente relacionados ao Espírito e aos ministérios, pois o rito sacramental pode despertar a força do Espírito na pessoa e naquelas que a acompanham. Pode também inspirar a pessoa a agir em nome da fé através de um ministério, tomando assim a dimensão do discipulado.

A ação do discípulo e o "impulso não programado" do Espírito

No diálogo com Nicodemos, Jesus relaciona o Espírito ao vento (cf. Jo 3,8) e o caracteriza como um impulso não programado e imprevisto. O Espírito "não define nenhuma meta para ninguém: somente chama para ir mais adiante"[28]. Sendo totalmente livre, a ação na força do Espírito tende a abalar completamente a ordem estabelecida, perigando criar ações aleatórias. Para conter ações ministeriais infrenes, a pessoa tem o Evangelho como caminho da ação e a teologia como instrutora capaz de planejar a missão, sem o risco de se cometerem muitos erros. Tanto a teologia quanto o magistério da Igreja também são responsáveis para que tais ações não sejam aleatórias. Isso requer uma boa formação aos que as-

---

[27] Cf. TABORDA, Nas fontes da fé cristã, 2001, p. 36-37.
[28] COMBLIN, Vocação para a liberdade, 1998, p. 243.

sumem os ministérios tanto laicais quanto ordenados. O Vaticano II, na Constituição *Dei Verbum*, diz que a Revelação divina auxilia a pessoa a conhecer com facilidade e sem perigo de erro as coisas divinas (cf. DV 6). Por isso, uma formação cristã integralmente focada e orientada pelo Evangelho dificulta que as ações ministeriais sejam aleatórias ou sem consistência.

3

Ministério Eclesial
O modo de o discípulo agir para evangelizar

Se o Espírito Santo doa os carismas a cada pessoa e o Evangelho orienta a ação dos ministérios, então remanesce apontar que os ministérios eclesiais são serviços provindos dos carismas e sua ação está relacionada à força do Espírito para a ação missionário-evangelizadora do discípulo. Dizemos isso porque a Constituição Dogmática *Lumen Gentium* confirma a origem dos ministérios eclesiais no Espírito Santo ao dizer que estes são vividos "mediante os diversos dons hierárquicos e carismáticos" (LG 4). A mesma Constituição define que o carisma dado pelo Espírito dá ao seu portador aptidão para servir o Reino de Deus (cf. LG 12). Na mesma perspectiva, a Exortação Apostólica Pós-Sinodal *Christifideles Laici*, do Papa João Paulo II, afirma que os carismas assumem as mais variadas formas de servir na Igreja (cf. ChL 24)[1]. Sendo um dom do Espírito, o carisma é o modo de a força divina interagir com as forças humanas. Quando a pessoa coloca essa força a serviço do próximo, então ele se torna ministério. A Conferência de Santo Domingo entende que os ministros – leigos ou ordenados – atualizam a ação de Jesus no mundo, mostrando que a Igreja existe e age através deles (cf. SD 66). O apóstolo Paulo chama essa força de poder de Deus, ao dizer: "Minha palavra e minha pregação nada tinham de persuasiva linguagem da sabedoria, mas eram uma

---

[1] Para Renné Laurentin, a palavra "carisma" é empregada 17 vezes no Novo Testamento, sendo que 14 vezes aparece na Carta aos Romanos e as outras três vezes em 1Tm 4,14; 2Tm 1,6 e 1Pd 4,10. Na Carta aos Romanos é utilizado para designar os dons gratuitos de Deus, a saber: Rm 1,11; 5,15; 6,23; 11,29 (cf. LAURENTIN, René. Os carismas: precisão de vocabulário. *Concilium*, Petrópolis, n. 129, fasc. 9, p. 6-15, nov. 1977, p. 8).

demonstração de Espírito e poder, a fim de que a nossa fé se baseie [...] no poder de Deus" (1Cor 2,4-5). Dizer que a ação ministerial é a ação carismática do Espírito inteirada com as forças humanas é afirmar que todos podem agir ministerialmente, pois todos recebem um carisma (cf. DAp 209; 218).
Isso motiva a dizer que a ação dos ministros ordenados não é mais digna que a dos outros ministros. Se o fosse, denotaria certo privilégio ministerial, provocando distinção em dignidade e negaria o fato de o Espírito agir em todos e do mesmo modo. É certo que os ministérios têm ofícios diferentes para atenderem melhor as diversas necessidades missionário-evangelizadoras. O ministério ordenado, por exemplo, tem o poder de oferecer o sacrifício da missa, perdoar os pecados e exercer o ofício sacerdotal em nome de Cristo, a favor dos homens (cf. PO 2). Contudo, "os presbíteros são irmãos entre os irmãos, membros dum só e mesmo corpo de Cristo cuja edificação a todos pertence" (PO 9). O mesmo Decreto diz que os leigos precisam assumir com confiança as obras do serviço da Igreja, tendo espaço e liberdade de ação (cf. PO 9). Na Exortação *Christifideles Laici*, o Papa João Paulo II diz que os ministérios não ordenados agem na Igreja desde os carismas, sendo que seus portadores são membros vivos do único Corpo do Senhor, edificado na força do Espírito, e têm igual dignidade (cf. ChL 55). Para o Papa João Paulo II a diferença dos ministérios laicais em relação ao ministério ordenado *"não é um suplemento de dignidade, mas uma especial e complementar habilitação para o serviço"* (ChL 20). Por isso, não há diferença de dignidade, mas sim de habilitação para os serviços. Todos os ministérios são riquezas e sua diversidade não autoriza a criação de valores diferentes em sua dignidade, pois todos provêm da mesma fonte, que é o Espírito Santo. Essa afirmação dimensiona os ministérios leigos e ordenados para o mesmo nível de valor. A igualdade em dignidade entre os ministérios não anula suas diferenças. Além do mais, a igualdade de dignidade não anula a autoridade, pois cada ministério se torna autoridade naquele ofício pelo qual ele existe.
Quando os evangelhos sinóticos afirmam que a fé cristã deve se orientar pelo poder-serviço, sugerem que a ação de todos os ministérios evoque o bem comum (cf. Mt 20,26-27; Mc 10,42-

44; Lc 22,25-27)[2]. Isso não anula a autoridade específica de cada ministério e não autoriza a diferenciar níveis de valores entre eles, pois o serviço ministerial orientado pelo Evangelho encaminha à solidariedade, à fraternidade e à igualdade[3]. Schillibeeckx reitera que os primeiros cristãos agiam na força do Espírito e, por isso, se viam iguais e livres. Tudo era tomado como serviço pela fé e nunca como privilégio de alguns[4]. Esse autor lembra ainda que a visão que trouxe essa diferença de valores entre os ministérios ordenados e laicais vem da estrutura hieráquico-piramidal, refletida no conjunto de textos do Pseudo-Dionísio (*Corpus Areopagiticum*), inspirada no decadente Império Romano dos séculos IV e VI, que deu origem à teologia que reflete a hierarquia celeste como geradora da escala de dignidades, levando a dizer que todos os ministérios laicais são hierarquicamente inferiores ao ministério ordenado. Esse princípio desvalorizou os múltiplos serviços ministeriais, colocando-os como base da pirâmide e que só realizam sua ação de modo perfeito e direto quando são obedientes ao ministério ordenado[5].

Em contraponto à teologia acima, o Concílio Vaticano II retomou a visão teológica sobre o *"consensus fidelium"*[6], ensejando ampliar a participação direta e igual de todos os ministérios da Igreja desde a fé (cf. LG 12). O *"sensus fidei"* não nega a hierarquia,

---

[2] Cf. BOFF, Clodovis. *El evangelio del poder-servicio*. Bogotá: CLAR, 1988, p. 51.

[3] Cf. Idem, p. 72.

[4] Cf. SCHILLEBEECKX, Edward. *Por uma Igreja mais humana*: identidade cristã dos ministérios. São Paulo: Paulinas, 1989, p. 280.

[5] Cf. Idem. Ministerios en la Iglesia de los pobres. *Concilium*, Madrid, vol. XX, n. 196, p. 456-457, nov.-dez. 1984.

[6] O Vaticano II considera a ação do Espírito pelos carismas e pela comunhão de fé. A Constituição Dogmática *Lumen Gentium* valoriza o *sensus fidei* que predispõe todos os batizados à força do Espírito, impelindo-os à evangelização (cf. LG 12). Pelo *sensus fidei*, o Espírito atesta que todos as pessoas são dotadas de carismas e, portanto, capazes de evangelizar. Isso gera o que se chama de *consensus fidelium*, a consciência coletiva da fé, e se torna uma função doutrinal, que pode ser explicitada pela autoridade eclesial como verdade revelada. Contudo, não é a hierarquia eclesial que gera esse "consensus" nos fiéis, é o Espírito que age em todos pelo *sensus fidei*, inclusive no magistério.

nem retira seu valor, conquanto, possibilita a igualdade de valores e a dignidade de ação entre todos os serviços eclesiais em prol da evangelização[7]. Não diferenciar os ministérios em sua dignidade significa aprimorar o poder-serviço eclesial que vem do Espírito e prezar pela totalidade da ação evangelizadora. Quanto mais total é a ação ministerial, mais a Igreja aprimora a comunhão das diferenças, mais se coloca a serviço da evangelização e mais amplia sua missão. Reconhecer e agir desde o senso de fé dignifica todos os ministérios em sua igualdade de ação[8]. Assim, amar verdadeiramente é servir a humanidade com a missão e a evangelização, de modo livre, digno e respeitoso em seu ministério.

Yves Congar define que ser livre é não estar sob a lei, mas também não significa estar sem lei. Ora, a lei de Cristo é a lei do Espírito da vida, que nos livra do pecado e da morte, então é essa lei que o discípulo vive (cf. Rm 8,2). Tendo a lei do Espírito como conteúdo de sua ação, é o próprio discípulo "que se determina a partir dele mesmo"[9]. No entanto, essa determinação não pode ser aleatória, pois a lei do Espírito é a lei do Evangelho e dela provêm os frutos do Espírito (cf. Gl 5,22-23). A liberdade da ação, portanto, não significa relativizar a ação, mas fundamentá-la no Evangelho. Agir na força do Espírito é ter liberdade (cf. 2Cor 3,17), mas isso não significa liberalismo ou relativismo. Jesus era livre e queria que os discípulos agissem com liberdade para também serem livres e irmãos. Contudo, ele agiu com liberdade sempre orientado pelo Pai, tendo ações proféticas ao exercer seu ministério. O apóstolo Paulo confirma a liberdade de Cristo no discípulo quando diz: "foi para a liberdade que Cristo nos libertou" (Gl 1,1.13). O livro do Êxodo conclama isso quando expressa: "Deus disse: eu vi a miséria do meu povo que está no Egito. Ouvi seu grito por causa dos seus opressores; pois eu conheço as suas angústias. Por isso eu vim para libertá-lo das mãos dos egípcios..." (Êx 3,7-8). Em si, Deus age livremente em prol do ser humano para auxiliá-lo na libertação, e o cristão que se abre à

---

[7] Cf. COMBLIN, *O Espírito Santo e a libertação*, 1987, p. 152.

[8] Ver: Idem. Os ministérios numa sociedade em via de urbanização. *Perspectiva Teológica*, São Leopoldo, v. 2, n. 2, p. 41-56, jan. 1970, p. 41-56.

[9] CONGAR, Yves, *"Ele é o Senhor da vida"*: Creio no Espírito Santo 2. São Paulo: Paulinas, 2005, p. 172.

força do Espírito, sente-se livre e, orientado pelo Evangelho, assume um ministério, tornando-se discípulo missionário de Jesus para auxiliar na liberdade dos outros.

O anúncio do querigma na ação missionário-ministerial

Deus age, ele é Senhor absoluto de si mesmo e seu agir inteirado com as forças do ser humano possibilita ações ministeriais. Ao agir na força divina, tanto os cristãos leigos quanto os ordenados assumem um ministério eclesial para agir. Mas, a interação das forças só é possível quando a pessoa desperta para a fé, caso contrário, agirá somente pelas forças humanas. Esse despertar depende do anúncio do querigma.

O conceito *kérygma (κήρυγμα)*, termo originário do grego, provém de um grupo de palavras cuja raiz vem de *kerýsso* e significa: anunciar, tornar conhecido, proclamar em voz alta. No sentido cristão, o anúncio ou proclamação não é um ato neutro, mas diretamente relacionado à revelação ou à pregação do Evangelho: "Na pregação da Igreja, este apelo é feito, em primeiro lugar, aos que não conhecem Cristo e seu Evangelho" (CIC, n. 1427). Mas, isso não significa que muitas pessoas que participam da Igreja já tenham ouvido e assimilado o querigma. Por isso, o querigma é uma necessidade constante na ação missionário-evangelizadora. O Documento de Estudos da Conferência Nacional dos Bispos do Brasil dá a seguinte definição:

> O querigma, originalmente significava "proclamação em alta voz" ou anúncio. No Novo testamento ele é o anúncio central da fé, o núcleo de toda a mensagem cristã, a boa notícia da salvação (evangelho). O querigma é tão importante na evangelização, que muitas vezes se torna sinônimo dela, embora seja apenas um dos seus aspectos (o mais importante) (ESTUDOS DA CNBB 97, p. 100).

O querigma anuncia que Jesus nasceu, viveu, morreu e ressuscitou. Ao ouvir e assimilar o querigma, a pessoa fica consciente de que pode viver de um modo diferente, alternativo e novo, conforme propõe o Evangelho. Na exortação *Evangelii Nuntiandi*, o Papa Paulo VI afirma que o anúncio querigmático atinge seu objetivo ao ser ouvido, acolhido e assimilado, promovendo naquele que o recebeu a adesão à proposta de Jesus de modo interior (cf. EN 23). Assimilar o querigma e agir a partir disso é encarnar a fé. Jesus criticava os fariseus porque estes viviam a Lei pela lei, sem encarná-la. Viviam o ritual desde a lei, mas não a práxis da fé, pois fundamentavam tudo no preceito religioso e deixavam a fé sem sentido, agindo sem a disposição interior, que motiva a viver a fé com responsabilidade, compromisso e liberdade.

Anunciar Jesus e seu projeto é anunciar o Evangelho para despertar no interlocutor a força do Espírito, servindo a humanidade com o Evangelho. Ao atingir o interior da pessoa, esse anúncio atinge também sua individualidade e suas disposições mais íntimas. A *Gaudium et Spes* reconhece que o querigma converge para as realidades humanas e toca o coração da Igreja (cf. GS 1). Se o querigma for ouvido e assimilado, ele faz entender que em Jesus todos participam da vida divina, pois todos são herdeiros do mesmo Pai (cf. Rm 8,17; Hb 1,2). Ao captar isso, o ser humano se abre à força do Espírito e assim age inteirado com as forças divinas, torna-se livre, pois supera suas limitações e dificuldades e se torna capaz de auxiliar outros a fazerem o mesmo.

O coração do anúncio querigmático é a pessoa de Jesus e o seu projeto. Entender isso provoca um novo olhar sobre o mundo. Não custa relembrar que o apóstolo Pedro anunciou o querigma no dia do Pentecostes e seus ouvintes o procuraram, perguntando: "Que devemos fazer irmãos" (At 2,36-37). O despertar ao apelo de Deus pelo anúncio de Pedro impeliu-os a darem uma resposta ao que sentiram no interior do coração. O conselho de Pedro foi a conversão e o Batismo em nome de Jesus (cf. At 2,38). O anúncio querigmático provoca o encontro com Cristo de modo pessoal e desperta o querer responder a isso de modo prático e essa resposta é o que chamamos de fé.

O querigma mostra que há uma alternativa de vida porque leva a aderir a fé em Cristo sendo livre e agindo para a liberdade. Por exemplo, a proposta de amar os inimigos expressa que perdoar é recusar livremente a vingança, não ficando obrigado a nada, conquistando sua liberdade. No evangelho de Mateus, logo após a oração do Pai-Nosso, o único pedido comentado é o do perdão (Mt 6,14-15). O perdão liberta a pessoa da necessidade de vingar-se e, por isso, Jesus sugere o perdão em lugar da vingança e o amor em lugar do ódio: "se, pois, o Filho vos libertar, sereis realmente livres" (Jo 8,36). Portanto, o anúncio do querigma possibilita a vida em liberdade e para a liberdade.

O novo sentido interno possibilita à pessoa novas atitudes externas pela vivência da alteridade na prática do amor e do serviço. A liberdade e o amor pela fé vividos desde a fé em Jesus, na força do Espírito, ocasionam uma nova motivação para viver. A essa vida nova podemos chamar de conversão, que seria viver com responsabilidade, mudando atitudes e comportamentos à luz do Evangelho. Por essa razão, conversão e fé andam juntas. O episódio dos discípulos de Emaús mostra que os dois discípulos caminhavam derrotados, frustrados e desanimados após os acontecimentos que levaram à morte de Jesus. O encontro com aquele estranho no caminho lhes fez sentir um novo ardor em seus corações, dando-lhes convicção interior. Mas ao reconhecerem Jesus naquele que os acompanhava lhes deu forças e coragem para voltar a Jerusalém e a anunciar aos outros tudo aquilo que viveram e sentiram. Jesus anunciou a eles o querigma, tocando na consciência, nos sentimentos e na condição de suas vidas.

Ao anunciar o querigma através do seu ministério, seja de modo oral ou testemunhal, o discípulo missionário motiva a evangelização, pois ao ser despertada na força do Espírito, a pessoa quer crescer na fé. Por isso, quando Jesus convida os discípulos a peregrinarem pelas vizinhanças de Cafarnaum, sua intenção era a fé de modo intenso: "Vamos a outros lugares, às pequenas localidades vizinhas, para que também ali eu proclame, pois para isso eu saí" (Mc 1,38). O apóstolo Paulo motiva ao anúncio do querigma quando conclama: "Ora, como invocariam aquele em quem não creram? Como creriam naquele de quem não ouviram falar? Como ouviram falar se não houvesse quem proclamasse?" (Rm 10,14). Todos os ministérios – leigos ou ordenados – são convidados ao discipulado e têm como missão o anúncio do querigma para que a mensagem de Jesus seja conhecida[10]. O dis-

---

[10] Refletindo sobre os ministérios eclesiais, Dom Aloísio Lorscheider observa que a Igreja, muitas vezes, ao invés de tratar do "protagonismo dos leigos", cita o protagonismo dos presbíteros. Em muitos documentos, acrescenta-se ainda o

cípulo de Jesus que anuncia o querigma age ministerialmente na força do Espírito: "Não sereis vós que falareis, mas será o Espírito de vosso Pai que falará por vós" (Mt 10,20). Tal interação leva o discípulo a agir em todas as culturas[11] sem ambição, mas unicamente com o objetivo de dar testemunho da verdade para salvar e não para julgar, para servir e não para ser servido (cf. GS 3).

Os ministérios eclesiais e o diálogo com o mundo

Tendo ouvido e assimilado o querigma, a pessoa assume um ministério eclesial e passa a agir no mundo à luz do Evangelho. A Igreja, portanto, é uma necessidade tanto porque é a comuni-

---

seguinte adjetivo: especial protagonismo dos sacerdotes. Não é raro encontrar em diversos documentos, diz o Cardeal, advertências para se salvaguardar tanto a natureza e a missão do ministério ordem, pondo a ação dos cristãos leigos como suplência dos presbíteros (cf. LORSCHEIDER, Dom Aloísio Cardeal. *Os ministérios da Igreja*. Taubaté: Jornal "O Lábaro" da Diocese de Taubaté, junho de 1998, p. 2.

[11] O conceito "cultura" é bastante complexo. A Constituição *Gaudium et Spes* concebe a cultura de modo mais geral, dizendo ela ser edificada pela maneira do ser humano entender, desenvolver e exprimir suas ações, experiências religiosas e aspirações, em conjunto com os outros (cf. GS 53). A mesma Constituição (GS 9) diz que os benefícios da cultura devem ser estendidos a todos. A Conferência de Medellín pensa a cultura de modo mais diretivo a uma situação contextual, como a cultura dos analfabetos, por exemplo (cf. Med 3). A Conferência de Aparecida, no rastro de Medellín, trata das diversas culturas: urbana, autóctone, mestiça, globalizada, etc. Embora o conceito sobre cultura seja complexo, ele é importante para referendar a reflexão sobre a ação evangelizadora. Por isso, a nosso ver, a cultura é a diferença específica de cada grupo/povo/comunidade e pode sofrer influências de cada época, como diz Medellín. Isso é possível porque tudo o que é humano é também culturalmente determinado e transformado: as construções, o modo de fazer política, o modo de crer, as artes, os ensinamentos, a educação. As atividades culturais dos diferentes grupos são construídas em um ambiente próprio. A cultura é um ambiente onde um grupo social constrói coletivamente sua vida. É um lugar de atividade humana que dá identidade e diferencia aquele grupo dos outros. Em muitas culturas, há antivalores em relação ao Evangelho. Para o Papa Francisco, evangelizar é inculturar o Evangelho de modo que os antivalores de uma cultura sejam purificados (cf. EG 69). Isso não significa cristianizar a cultura, mas aperfeiçoá-la segundo o Evangelho. Não se trata de impor o Evangelho sobre a cultura, mas sim resgatar o Evangelho que está nela, purificando-a dos elementos que podem ferir a vida.

dade que acolhe os que despertam para a fé quanto para os despertados que saem em missão. Karl Rahner afirma que é preciso haver Igreja, pois ela historiciza a fé[12]. No entanto, a Igreja precisa estar aberta ao mundo e se ficar isolada em si mesma, certamente, perde sua comunhão, tornando-se carente de espiritualidade e de discípulos. A comunhão pela fé é o que mantém a Igreja viva. Sem a comunhão, a Igreja fica sem a convivência dos "eus" e deixa de formar o "nós", que congrega o sentido da fé cristã. Sem a convivência dos "eus" não há fraternidade e sem fraternidade não há ministérios, mas sim serviços isolados ou interesseiros. Assim, a Igreja existe para nutrir a comunhão, que dá base para os discípulos anunciarem a fé em Cristo pelos ministérios. Portanto, a comunhão eclesial se dá pela fé em Jesus. Bonhoeffer diz que "Jesus é nossa união"[13]. Quanto mais comunhão mais forte é a espiritualidade eclesial, mais ministérios, mais discípulos e mais o anúncio do Evangelho tende a ser efetivado.

O Espírito dá um carisma a cada discípulo que, assumido e vivido em prol de servir o próximo, torna-se um ministério. A Igreja é feita de uma diversidade de ministérios, pois cada ministério atende a uma necessidade humana desde a fé. A diversidade de ministérios indica a diversidade de ação da Igreja. A ação missionário-ministerial dos leigos confirma essa positiva pluralidade missionária e a capacidade destes em atingir todas as situações com seus ministérios. Todavia, o ministério da ordem tem um ofício praticamente igual em todo o mundo, que é o serviço litúrgico. Tal ofício serve os sacramentos e o culto, que são realidades globais, mas seu principal serviço continua sendo o de anunciar o Evangelho nos sacramentos e no culto. O Papa João Paulo II diz que servir a Eucaristia "não exprime apenas uma experiência diária de fé, mas contém em síntese *o próprio núcleo do mistério da Igreja*" (EE 1). No entanto, se os atos rituais e cultuais do ministro ordenado forem vividos apenas como uma doutrina formalizada, tendem a não anunciar o querigma, arriscando a reproduzir fórmulas esta-

---

[12] Cf. RAHNER, *Curso fundamental da fé*, 2008, p. 451.

[13] BONHOEFFER, Dietrich. *Vida em comunhão*. São Leopoldo: Sinodal, 1997, p. 29.

belecidas e a mergulhar no ritualismo[14]. Com isso, mesmo que o ministério ordenado, em relação aos ritos, obedeça a apenas um padrão de atitudes ou de ações em todos os lugares, não significa uniformizar sua ação, e sim, através do rito, anunciar o querigma à toda a humanidade de modo criativo e livre.

Os evangelhos tomam Jesus como o "Servo de Iahweh"[15] porque ele assume a fraqueza da cruz, renuncia o poder-dominação e reconhece que somente a comunhão de todos possibilita o combate dos pecados (cf. Is 53,10.12). Como Servo, ele age na força do Espírito com liberdade para anunciar o Evangelho[16]. A exemplo de Jesus, todo ministro é convidado a agir na força do Espírito, assumindo sua missão com criatividade e liberdade. Sendo "Servo de Deus", o discípulo de Jesus – leigo ou ordenado – não pode apegar-se a privilégios ou espetáculos rituais. Sua missão é servir a humanidade com o Evangelho através dos ministérios e, em qualquer condição que esteja, anunciar o querigma no contexto, evangelizando de modo eficaz. Pelos ministérios eclesiais todo ministro é servo de Deus e não de seus interesses ou vaidades. Tais atitudes são negativas e promovem a concorrência.

Rahner diz que na "natureza autêntica da existência cristã [...] não pode haver, em virtude da natureza da existência cristã e da Igreja, nenhum sim ou não que represente concorrência"[17]. Concorrer com os outros não significa anunciar a fé, mas sim anunciar a si mesmo. Portanto, os discípulos missionários – leigos ou ordenados – só assumem sua condição de "Servo de Deus" se

---

[14] Cf. idem. *O futuro dos ministérios na Igreja latino-americana*. Petrópolis: Vozes, 1969, p. 24-25.

[15] A tradição javista utiliza esse nome divino em toda a história patriarcal. Procurou-se, assim, explicar o nome Iahweh por meio de outras culturas que não fossem hebraicas ou tivessem raiz hebraica. Alguns reconhecem uma forma causativa do verbo "ser", numa forma arcaica e que designa "ele faz ser" ou "ele traz à existência" ou ainda "ele é". Discute-se que é Deus falando de si mesmo como, por exemplo, "eu sou o que sou", "eu sou existente", "eu sou aquele que é" (cf. BÍBLIA DE JERUSALÉM, 2012).

[16] Cf. TABORDA, Francisco. *A Igreja e seus ministros*: uma teologia do ministério ordenado. São Paulo: Paulus, 2012, p. 32; 49.

[17] RAHNER, *Curso fundamental da fé*, 2008, p. 464.

anunciarem Jesus do Evangelho e nunca a si mesmos. Todos os ministérios existem para tornar o Evangelho conhecido em cada contexto e para o reconhecimento da dignidade de "toda pessoa humana [...] no mais profundo de sua consciência, de sua pessoa e de sua existência"[18]. Amiúde, na condição de "Servo de Iahweh", o discípulo missionário serve o Reino valorizando cada pessoa. Reconhecer o valor do outro é um ato querigmático, que demonstra respeito e abertura à alteridade, querendo aquilo que o Pai quer, sem abdicar da própria liberdade[19]. A compreensão deste panorama é essencial para que o discípulo de Jesus seja pontual e eficaz em sua ação missionário-evangelizadora.

Os ministérios como ação do discípulo voltada para o povo

A estrutura hierárquico-institucional deve acompanhar a dimensão carismático-ministerial para que a Igreja seja missionária. Sem essa junção, a ação eclesial perde sua organização e sua iniciativa, podendo radicalizar sua institucionalidade ou agir de modo aleatório. Ao retomar a perspectiva de Igreja como "povo de Deus", o Vaticano II elevou o sacerdócio comum dos fiéis, buscando unir a estrutura magisterial com a dimensão carismática, dando margens para se pensar numa ação ministerial aberta e total, valorizadora das estruturas e dos carismas. Por muitos séculos a Igreja parece ter esquecido da importância da ação do povo, reduzindo sua atividade missionário-evangelizadora aos ministros ordenados[20]. Essa opção centralizou e fechou a ação eclesial em si mesma, estabelecendo uma unilateralidade ministerial, que isolou os ministros ordenados numa espécie de gueto ministerial, criando uma cultura eclesiástica própria. Tal condição tende a produzir privilégios ministeriais, por vezes, originando ministros leigos

---

[18] Ibidem, p. 465.

[19] Cf. COMBLIN, José. *A oração de Jesus*. Petrópolis: Vozes, 1972, p. 78.

[20] Cf. COMBLIN, *O futuro dos ministérios na Igreja latino-americana*, 1969, p. 7.

passivos, indiferentes à ação missionária. Também gerou ministros ordenados passivos, indiferentes às relações humanas e muito preocupados em manter seus privilégios, provindos das estruturas hierárquicas, distanciando-se da dinâmica do discipulado de Jesus[21]. As duas posições fundamentais do Concílio Vaticano II que se opõem a essa realidade de privilégios ministeriais foi a promoção dos leigos, com o resgate do sacerdócio régio de todos os fiéis, e a abertura eclesial para o diálogo com o mundo. Tais condições dão, tanto aos ministros leigos quanto aos ministros ordenados, possibilidades de anunciarem a pessoa de Jesus em diálogo com o mundo e com as situações humanas.

No entanto, se tanto os ministros leigos quanto os ordenados ficarem restritos ao ambiente eclesial, tendem a perder contato com a realidade e a enfraquecerem a missão de anunciar o Cristo[22]. Nesse sentido, a totalidade dos ministérios evidenciada pelo Vaticano II no sacerdócio régio dos fiéis dá responsabilidade a todos de anunciarem o querigma[23]. A mentalidade de classificar os ministérios com níveis de valor prejudica a eficácia evangelizadora eclesial, pois fere o sacerdócio régio de todos, por autovalorizar apenas os ministérios ligados à hierarquia, mostrando parcialidade eclesial em relação aos ministros ordenados. Tal mentalidade sempre se prolonga em outras situações, bastando observar que o presbítero, que eventualmente é mais valorizado que os ministros leigos, quando colocado em relação ao ministério episcopal, também tem um desnível de valor[24]. Essa desigualdade ministerial remete à carência da força do Espírito, pois Deus não faz acepção de pessoas (cf. Dt 10, 17; Rm 2,11; At 10,34) e se há distinção, então, há pecado, afirma o apóstolo Tiago (cf. Tg 2,9). Agir pelo Espírito é agir pela igualdade de dignidade. A diferenciação de valores dificulta a vivência do poder-serviço em todos os ministérios, pois cria certa competição entre os ministros e pode ferir mortalmente a comunhão. Os privilégios, quase sem-

---

[21] Cf. ibidem, p. 8.

[22] Cf. ibidem, p. 6; 7; 8.

[23] Cf. idem, *O futuro dos ministérios na Igreja latino-americana*, 1969, p. 7.

[24] Cf. RAHNER, *Estruturas em mudança*, 1976, p. 106.

pre dados aos ministros ordenados, tiram o foco da responsabilidade do ministro para com o Evangelho, pois a competição entre os ministros, sejam eles ordenados ou leigos, acirra a busca pela manutenção de privilégios e compromete a ação evangelizadora. Os ministros da Igreja, em qualquer condição, devem saber que seu ministério é um serviço que vem do carisma dado pelo Espírito em prol do bem comum e, por isso, é posse da comunidade eclesial e não posse ou privilégio pessoal.

Todos os ministérios são importantes na Igreja e são dignos de respeito. Mediante eles os discípulos – leigos ou ordenados – se diferenciam da multidão, mas não são melhores que ela. Apenas assinalam uma maneira diferente de se viver a fé. Quase sempre, os evangelhos apresentam os discípulos como ouvintes próximos, comprometidos com Jesus e que agem conforme seus conselhos (cf. Mt 13,36; 23,2; Mc 3,7.9 e 8,34; Lc 6,17; Jo 6,22.24). A multidão é apresentada como uma massa que se aproxima de Jesus, se beneficia dos milagres, mas não se compromete com ele e com os outros. O desejo de Jesus é que toda a multidão se torne discípula, diz o evangelista Mateus (cf. Mt 28,19-20), porém, isso depende de que todos os ministérios eclesiais sejam reconhecidos em sua dignidade tanto pela estrutura hierárquico-institucional quanto pela dimensão carismático-ministerial e, assim, agirem com audácia na missão de anunciar o querigma e de promover o processo de evangelização à multidão. A distinção que os evangelhos fazem entre os discípulos e a multidão não sugere separação entre ambos, nem propõe maior ou menor dignidade, mas sim que o discípulo tem compromissos e responsabilidades em razão de sua opção em seguir o Caminho de Jesus. A multidão, por sua vez, tem relação com a pedagogia divina, pois anda com Jesus sem comprometer-se com sua mensagem, mas dela discípulos podem ser suscitados e o novo povo de Deus pode ser reunido.

Num primeiro momento, o apóstolo Paulo parece fazer distinção entre os ministérios quando, em muitas ocasiões, se refere aos "perfeitos". Mas, tal alusão não pretende criar uma classe de perfeitos, e sim demonstrar que há no mundo aqueles que ainda não cresceram na fé. Ele explica aos fiéis de Corinto que o termo "perfeitos" significa os não crescidos na fé (cf. 1Cor 2,6). Os conceitos "perfeito" e "imperfeito", "criança" e "adulto" são encontrados em

1Cor 14,20 e em Fl 3,15; Cl 1,28; Ef 4,13. Paulo explica que os Coríntios ainda não eram perfeitos porque entre eles reinavam o ciúme e a discórdia. Ou seja, sua conduta era toda humana e carente da força do Espírito (cf. 1Cor 3,3). Todos eram igualmente vocacionados e tinham dignidade, mas alguns ainda não eram maduros e, por essa razão, ainda discutiam se alguns pertenciam a Paulo ou a Apolo. A opção pelo Caminho de Jesus significa que a pessoa ouviu o querigma e engajou-se no caminho do amor, mas a maturidade da fé acontece pelo processo de evangelização. Os maduros ou "perfeitos" não são superiores aos outros, todos são discípulos, pois o mestre é um só (cf. Lc 6,40). Na carta aos Efésios, Paulo acrescenta que a firmeza da fé deve traduzir-se numa vida moral, segundo a verdade e o amor (cf. Ef 4,15). O princípio do amor é o respeito à dignidade do outro, seja em que condição se encontre. Paulo visa isso quando se esforça para tornar todos perfeitos em Cristo (cf. Cl 1,28). Assim, ser discípulo de Jesus requer crescimento na fé, responsabilidade para com o chamado que recebeu, feito num processo de formação contínua.

O episódio da multiplicação dos pães, narrado por Mateus, mostra Jesus orientando os discípulos a servirem o povo e revela que seguir e servir são inerentes (cf. Mt 14,16). Servir e se comprometer com o Evangelho é assumir um ministério de serviço ao próximo e ser discípulo. Contudo, essa ação não consiste em dominar, nem em viver de privilégios com interesses particulares, mas sim em servir o mundo anunciando o Evangelho de modo gratuito[25]. Para Comblin, o "ofício da Igreja é também o serviço aos homens, que significa a prática da 'caridade', isto é, da solidariedade ativa dentro e fora da comunidade"[26].

---

[25] Cf. Ibidem, 1976, p. 57.

[26] COMBLIN, *O Espírito Santo e a libertação*, 1987, p. 144. Ao invés da palavra "amor", Comblin prefere o conceito *ágape*, que traduz melhor a "solidariedade". Em Andres Nygren, ao conceituar o amor como "*agape*", o cristianismo instiga à relação de comunhão com Deus e com o próximo. Ele comenta que esse conceito era tomado na cultura grega como egocêntrico, mas no cristianismo seu sentido torna-se teocêntrico. Por isso, a fórmula joanina diz que Deus é *agape*, traduzido como Deus é amor (cf. NYGREN, Andres. *Eros et Agapè: la notion chrétienne de l'amour et ses transformations*. Paris: Aubier, 1930, p. 37). Comblin segue a

Toda essa discussão quer mostrar que a ação ministerial é sempre um serviço e, por isso, é um critério importante para se reconhecer o discípulo missionário de Jesus entre os leigos e ministros ordenados. "Os evangelhos explicam o amor pela palavra 'servir'"[27]. Do mesmo modo, a Conferência de Medellín expressa compreender que o ministro eclesial age para servir a humanidade pelo Evangelho, desde a comunidade (cf. Med 14, 14.18). O mesmo diz a Conferência de Santo Domingo, ao afirmar que os ministros servem à humanidade para que o Reino se manifeste (cf. SD 67; 70). A Conferência de Aparecida afirma que o papel da Igreja é servir a humanidade (cf. DAp 31). O Vaticano II, na *Lumen Gentium*, também vê os ministérios como serviços de caridade ao povo (cf. LG 7), deixando claro que o critério de definição do discípulo de Jesus é agir através dos ministérios, anunciando o Evangelho de modo solidário e gratuito para o bem comum.

Ao acentuar o "sacerdócio comum dos fiéis", o Vaticano II sugere a ação eclesial como bem de todos, que suscita um povo livre (cf. LG 10, AA 34, AG 15) e relaciona os ministérios diretamente ao "sacerdócio" junto ao povo de Deus. Ora, a ação ministerial pode ser feita por todos e possibilita que todos sejam discípulos. Em outras palavras, uma Igreja toda ministerial é uma Igreja de discípulos de Jesus: leigos e ordenados. Se o discípulo, em todas as situações e condições pode evangelizar, então o reconhecimento da dignidade de todos os ministérios amplia a ação evangelizadora na Igreja atual.

A Conferência de Aparecida reclama a necessária isonomia ministerial ao afirmar a relevância da ação de todos no âmbito eclesial (cf. DAp 100), afirmando que a ação ministerial inclui todo o povo de Deus, sendo o ponto-chave para se definir o discipulado. Com isso, pode-se dizer mais uma vez que uma Igreja de discípulos é uma

---

definição de Nygren: a *agape* não tem equivalente satisfatório nos idiomas latinos e a teologia da Idade Média o traduziu por caridade, dando-lhe um sentido cada vez mais estreito e até pejorativo. No entanto, *agape* é um laço existente entre membros da mesma família, da mesma comunidade e faz com que todos se tratem como irmãos, conceito-base do povo de Israel e do cristianismo.

[27] Comblin, José. *O homem renovado*: curso de formação cristã 18. São Paulo: Paulinas, 1991, p. 14.

Igreja ministerial, onde todos evangelizam de modo comprometido e gratuito (cf. DAp 370; 450). Essa dinâmica não diminui ou desfaz a ação de nenhum ministério, mas aumenta a autoridade da Igreja, pois traduz ao mundo uma diversidade de serviços e estabelece a democratização do poder, em que todos os cristãos que assumem qualquer ministério se tornam responsáveis pela ação missionário--evangelizadora. O apóstolo Paulo idealiza a mesma coisa quando recomenda que todos sirvam constantemente (cf. Gl 5,13-14).

A necessária superação da disparidade ministerial

Bernhard Häring diz que na vida daqueles que são movidos pelo Espírito não há separação entre natural e sobrenatural, pois tudo é sagrado[28]. Sem dúvida, onde a força do Espírito atua, há sacralidade. Entender que o ministro exerce seu ministério inteirado com a força divina é assumir que ele é um instrumento da ação divina e, consequentemente, sua ação é gerida pela sacralidade, portadora de respeito em relação à ação evangelizadora. Por isso, se o ministério advém dos carismas do Espírito e se sua função é gerar comunhão e agir no mundo pela força divina, então toda ação ministerial que obedece ao critério de agir segundo o Evangelho em prol do bem comum é sagrada. O "sagrado é o ser humano, a humanidade total", diz Comblin[29]. Certamente, mas também é a ação total em prol da humanidade, que é sagrada (cf. Gn 1,26-27). Assim, a ação para o bem transparece a presença de Deus. Quando a ação do ministro é egoísta e interesseira, em busca de privilégios, então a sacralidade se anula, pois fica distante da ação divina[30].

---

[28] HARING, Bernhard. *Livres e fiéis em Cristo:* teologia moral para sacerdotes e leigos: vol. 1: Teologia Moral Geral. São Paulo: Paulinas, 1979.

[29] COMBLIN, *O Espírito Santo e a tradição de Jesus*, 2012, p. 179.

[30] Boff concebe o sagrado como uma qualidade das coisas, que, de forma envolvente, nos fascina profundamente e nos oferta a experiência imediata de respeito, de temor e de veneração. É aquilo que nos faz tremer por sua magnitude e, ao mesmo tempo, nos atrai como um ímã irreprimível porque nos concerne absolutamente. O sagrado subjaz às experiências que deram origem às religiões

A carência de gratuidade e solidariedade em prol do povo indica a carência da sacralidade ministerial, pois as relações não são comunitário-ministeriais[31]. Alguns teólogos defendem de modo muito razoável que a gestação da "teoria dos dois gêneros" aconteceu nos alvores do século IV, sendo que esta foi sistematizada pelo *"dictum"* de Graciano – *"Duo Sunt Genera Christianorum"* – distinguindo o *ordo clericorum* do *ordo laicorum*[32] e, certamente, seguia a reflexão do pensamento do Pseudo-Dionísio, como dito anteriormente. Seu pressuposto foi separar os ministérios da ordem e dos leigos, centralizando a ação evangelizadora no clero, por estar mais ligado ao sagrado. O Papa Pio XII ratificou a "teoria dos dois gêneros" com a Carta Encíclica *Ad Sinarum Gentes*. Seu objetivo foi confrontar a secularização e evitar a emancipação de certos domínios da cultura em relação à Igreja[33].

---

e às culturas humanas. Ele é a palavra de todas as coisas que a palavra humana ainda não decifrou. É o encantamento com aquilo que não pode ser entendido pela linguagem humana. Na medida em que as ciências decifram os mistérios da natureza, vamos perdendo a experiência do sagrado do universo. Em seu lugar surge a profanidade, a consequência da perda do sagrado, reduzindo o universo a uma realidade inerte, mecânica e matemática (cf. BOFF, *O necessário resgate do sagrado*, 2012 < http://www.jb.com.br/leonardo-boff/noticias/2012/12/09/o-necessario-resgate-do-sagrado/> Acesso em 27 de out. 2015).

[31] Cf. idem, *O Espírito Santo e a tradição de Jesus*, 2012, p. 46.

[32] Alberigo reitera que a exclusão do leigo na participação do sagrado ocorre desde o século IV a partir da arquitetura, que passou a separar o altar do povo nos templos. Essa exclusão cresceu entre os séculos VI e X com o feudalismo, pela distinção hierárquica entre reis, príncipes, senhores feudais e servos. Ao assimilar as lógicas feudais, a Igreja deixa sua imagem horizontal de comunidades-irmãs e passa à imagem piramidal e vertical. Muitos textos do século XII e XIII trazem presente essas distâncias, consolidando a teoria dos dois gêneros. O Concílio de Trento fundamenta isso ao conceber o povo cristão como apêndice da hierarquia e o Vaticano I dá ao romano pontífice o dever de fé dos cristãos. Essa norma é tão forte que, segundo Alberigo, o papa Pio XII falava da Ação Católica como colaboração no apostolado da hierarquia, evitando que os leigos reivindicassem o poder da autoridade, reservado à hierarquia (cf. ALBERIGO, Giuseppe. O Povo de Deus na experiência de fé. *Concilium* 1984/6, ano 20, n. 196 6, p. 35-49).

[33] Cf. COMBLIN, José. *Mitos e realidades da secularização*. São Paulo: Herder, 1970, p. 45-46.

A nosso ver, a ideia principal dessa teoria era aflorar a solidariedade desde a fé e dizer que nem todas as ações em nome da fé são sagradas. Certamente, pois é possível que certos ministros utilizem a fé para interesse próprio. No entanto, alguns defendem que essa teologia retirou dos ministérios laicais a autonomia de ação[34], rompeu com a missionariedade do leigo, anulou a isonomia ministerial e impossibilitou de o povo de Deus, em sua totalidade, agir pelo Evangelho. De per si, comenta-se que houve uma tentativa de proteger a Igreja do chamado "modernismo", mas isso a isolou em certa cultura eclesial, provocando uma desigualdade ministerial. Nessa ideia, o clero ficou com o duplo poder de ordem e de jurisdição, fazendo com que os ministros ordenados tivessem mais poder eclesial e os outros ministros ficassem restritos à dimensão profana, com dedicação total ao mundo[35]. Ao que parece, isso restringiu o ministro ordenado à função de administrar a Igreja e os ministros leigos ficaram mais circunscritos ao mundo, conquanto, reduzidos em sua ação evangelizadora e sob as licenças do clero. Os ministros ordenados tornaram-se arautos do sagrado e força de ação contra a secularização; os ministros leigos ficaram relegados ao mundo, porém substanciados em sua ação missionária, com pouca possibili-

---

[34] Comblin entende como fracos os textos sobre missão do Concílio Vaticano II. Eles carecem de unidade e permanecem como desafio (cf. COMBLIN, *As sete palavras-chaves do Concílio Vaticano II* < http://www.vidapastoral.com.br/artigos/documentos-e-concilios/as-sete-palavras-chave-do-conciliovatian o-ii/> Acesso em 10 de out. 2015). No entanto, ele define que o discípulo de Jesus é um missionário a traduzir a linguagem de Deus para o ser humano a fim de que o Evangelho alcance a pessoa na sua intimidade (cf. idem, *Teologia da missão*, 1983, p. 22; 24; 26). Sua visão de missão consiste em interpelar o ser humano para o encontro com o mistério de Jesus desde o Evangelho. Mesmo que a definição de missão dos textos do Concílio não seja satisfatória, o Decreto *Ad Gentes* também diz que a missão é a ação eclesial que abre o caminho para todos "participarem plenamente no mistério de Cristo" (AG 5). Nessa perspectiva, cada discípulo precisa agir desde seu carisma para planejar suas ações missionárias. Portanto, a missão significa agir em todos os ambientes, situações e culturas, anunciando o querigma e convidando todos a participarem do mesmo mistério de Cristo.

[35] Cf. PIO XII, Papa. Encíclica *Ad Sinarum Gentem*, 1954 <http://www.vatican.va/holy_father/pius_xii/encyclicals/documents/hf_pxii_enc_07101954_ad-sinarumgentem_lt.html> Acesso em 13 de jun. 2014, n. 9.

dade de participar diretamente na Igreja. Autovalorizar o ministério ordenado, em detrimento dos ministérios leigos, referenda a "teoria dos dois gêneros". Essa confusão mostra a importância de se prezar ou valorizar a totalidade dos ministérios, deixando com que os ministros – leigos e ordenados – ajam, a partir de suas funções, com igual liberdade[36].

---

[36] A etimologia do termo *pastoral* está ligada à raiz "pastor". Qualquer ação pastoral implica a ação de um Pastor. O próprio Jesus se coloca como "Bom Pastor" (cf. LIBANIO, João Batista. *O que é pastoral*. São Paulo: Brasiliense, 1983, p. 14). A pastoral é a face prática da Igreja. Nos séculos XVII-XIX, pastoral referia-se basicamente à prática de formar pastores para cuidar das almas. De acordo com Midali, o termo nasceu com o impulso do Concílio de Trento, cuja preocupação era regular a vida dos presbíteros, promovendo o aparecimento do primeiro livro para o "pastor das almas" chamado de "*L'Enchiridion theologiae pastoralis*" de Pietro Bisfeld, bispo auxiliar de Treviri, publicado em 1591 (MIDALI, Mario. *Teologia pastorale o pratica: caminno storico di una riflessione fondante e scientifica*. Roma: Librearia Ateneo Salesiano, 1985, p. 18). O Concílio Vaticano II dá a entender que a pastoral é uma ação interna na Igreja a serviço da missão. O Decreto *Ad Gentes* informa que a atividade missionária, exercida entre os "gentios", difere da atividade pastoral que se exerce com os fiéis (cf. AG 6). Quanto à falta de presbíteros, o mesmo Decreto sugere que se intensifique a atividade pastoral dos catequistas para auxiliarem na evangelização (cf. AG 17). Na continuidade, a ação pastoral dos presbíteros precisa instruir as famílias para a necessidade de vocações missionárias aos "gentios" (cf. AG 39). Desse modo, a ação pastoral serve à ação missionária. A Constituição *Lumen Gentium* anota que o bispo precisa "exercer sua ação pastoral sobre a porção do Povo de Deus a ele confiada, não sobre as outras igrejas nem sobre a Igreja universal" (LG 23). Ainda: aos bispos "é confiado em plenitude o encargo pastoral, isto é, o cuidado quotidiano e habitual das próprias ovelhas" (LG 27). Nesse sentido, a ação pastoral está restrita à geografia da diocese. Para a *Gaudium et Spes*, a pastoral tem um sentido doutrinal, significando expôr a doutrina da Igreja ao mundo (GS 1). Francisco Merlos-Arroyo diz que a pastoral assume a comunidade cristã e precisa realizar-se desde dentro, com e para a mesma comunidade (cf. MERLOS-ARROYO, Francisco. *Teología contemporánea del ministerio pastoral*. México: Palavras e Ediciones, 2012, p. 33). A ação pastoral permeia a ação eclesial em diversas realidades, partindo sempre do particular da comunidade. A finalidade da pastoral é ajudar a comunidade de fé a receber a doutrina para viver o Evangelho como Igreja. Assim, a fonte, lugar e meta da pastoral é sempre a comunidade cristã. A Exortação Apostólica *Evangelii Nuntiandi* defende que a ação pastoral não é um ato individual e isolado, mas profundamente eclesial/comunitário (cf. EN 60). A pastoral é uma ação eclesial a serviço da missão. Não deixa de ser evangelizadora, mas é distinta da missão. A pastoral quase sempre indica preservação, "cuido dos fiéis" (cf. RM 34). Em síntese, ela é uma ação eclesial que afeta a realidade e é feita como Igreja. Para ser pastoral, faz-se mister que a ação seja reconhecida no social como influxo da Igreja. Um ato de solidariedade

De modo mais direto, a autovalorização do ministro ordenado pode estar relacionada ao aspecto do "poder simbólico" que, segundo Pierre Bourdieu, "é um poder de construção da realidade que tende a estabelecer uma ordem gnosiológica..."[37]. Esse poder é dado a sujeitos que o exercem por sujeitos que o reconhecem, sendo exercido somente se for reconhecido. Não reside nos sistemas, mas entre os que o exercem ou que estão sujeitos a ele. Ou seja, ele só existe em instituições que o reconhecem e que prezam por ele. O poder simbólico é importante para interditar a arbitrariedade. Porém, se for mal exercido pode se tornar arbitrário. Dito isso, ao ratificar em demasia o poder do clero e revogá-lo para o leigo, por um lado, retira-se do leigo o "poder simbólico" em relação à Igreja e à sociedade, diminuindo o crédito de sua ação. Por outro lado, é o próprio leigo quem outorga esse poder ao ministro ordenado. Em razão desse poder simbólico deferido aos ministros ordenados, os ministérios leigos tornaram-se quase que totalmente passivos na ação evangelizadora, limitando-se ao auxílio do clero no ordinário da paróquia. No entanto, o autovalor dado ao ministro ordenado o cooptou à obediência ao bispo. Isso significa que em qualquer uma das situações apresentadas, os ministros ficaram dependentes de um poder de mando. Assim, a teoria dos dois gêneros tende a deslegitimar o poder-serviço em qualquer um dos casos, pois, como diz Rahner, exclui a possibilidade de se pensar uma Igreja toda ministerial[38].

A valorização dos ministérios, como dito acima, é importante, mas ela deve ser um bem de todos e não um poder simbólico delegado a um só ministério. Se todos os ministérios provêm dos carismas do Espírito, todos os que agem em algum ministério deveriam ter o teor sagrado. Assim, tanto ministros leigos quanto ministros ordenados teriam a mesma dignidade na ação missionária da Igreja. Assumir o serviço ministerial pelo Evangelho intensifica a igualdade dos ministérios como sagrados e supera a teoria dos dois gêneros, retomando-se a noção de Igreja servidora, livre e igual em dignidade.

---

organizado por iniciativa própria de um grupo de pessoas cristãs para limpar os terrenos do seu bairro não seria pastoral. Mas, se este mesmo ato for organizado por um grupo a partir da Igreja, então seria uma ação pastoral, pois consideraria os três elementos fundamentais da pastoral: ação, realidade e Igreja.

[37] BOURDIEU, Pierre. *O poder simbólico*. Rio de Janeiro: Bertrand Brasil, 2012, p. 9.

[38] Cf. RAHNER, *Estruturas em mudança*, 1976, p. 97-105.

4

TRÊS RAZÕES PARA QUE OS LEIGOS EVANGELIZEM

Quando a ação ministerial do leigo é mais dignamente reconhecida ela pode expandir a ação evangelizadora. Essa expansão é importante em razão da necessidade de se aumentar a atuação eclesial no mundo: "a Igreja tem um papel limitado nas transformações do mundo"[1]. Refletindo sobre isso, Rahner sugere que a ação evangelizadora tenha imperativos para que o cristão atue no mundo[2]. O imperativo é pontual e tende a auxiliar o discípulo missionário de Jesus, através do seu ministério, a fazer a relação da mensagem do Evangelho com a realidade. A nosso ver, um imperativo sempre necessário ao leigo é o anúncio do querigma, que deve atingir o todo da pessoa em sua integralidade, inclusive a sua dimensão subjetiva. O anúncio do querigma pode ser mais eficaz quando a ação evangelizadora leva em conta o "espírito da época", que são as aspirações do povo de Deus em cada momento da história. Tais aspirações contém uma riqueza incrível para a ação missionária. Outro ponto são os "sinais dos tempos", que é o modo como Deus se comunica na história, no provisório e no transitório.

A ideia do "espírito da época" foi refletida por Comblin, segundo a visão da filosofia de Hans-Joachim Schoeps, discípulo de Wilhelm Dilthey que, à sombra do filósofo Hegel, diz que esse "espírito" mostra onde a teologia deve atuar[3]. Ora, se a teologia atua desde as aspirações do povo, então a ação missionária é capaz de atingir o existencial das pessoas. Ao levar em conta o "espírito

---

[1] COMBLIN, *Cristãos rumo ao século XXI*, p. 1996, p. 17.

[2] Cf. RAHNER, *Estruturas em mudança*, 1976, p. 69.

[3] Cf. idem, O que é a "História do Espírito": (Geistesgeschichte)? *Revista de História*, São Paulo, n. 49, 1962, p. 139-153.

da época", o anúncio do querigma atinge diretamente as necessidades e urgências do povo. Os "sinais dos tempos", refletidos no Concílio Vaticano II (cf. GS 11), falam da atuação de Deus nos acontecimentos da história. Pelos sinais dos tempos, a ação missionária é capaz de observar e mostrar onde Deus atua diretamente no mundo. Tanto os "sinais dos tempos" quanto o "espírito da época" dão à ação missionária elementos para que o anúncio do querigma seja mais bem elaborado e possibilitam caminhos para que este chegue até o existencial do ser humano, em cada contexto e tempo. O quadro sobre o espírito da época e os sinais dos tempos mostra a presença de Deus na história junto às aspirações humanas[4] e confirma que a história, o ser humano e a força divina estão profundamente implicados no anúncio do querigma. Ao conceber o Reino de Deus como o Reino da liberdade, pois Cristo chamou o ser humano para a liberdade (cf. Gl 5,13), desde as aspirações humanas e os acontecimentos históricos, o leigo, em sua ação missionária, anuncia o querigma de modo pontual, sem perder-se em abstratismos[5]. Por isso, tomar o anúncio do querigma como um imperativo tende a expandir o anúncio do Evangelho e a intensificar a vivência do Caminho proposto por Jesus na realidade social, religiosa, política e econômica. Ao dialogar com o ser humano desde sua realidade, o leigo missionário faz de um modo sempre novo e consonante com sua realidade contextual[6]. Entretanto, tomar o anúncio do querigma como um imperativo da ação ministerial requer verificar as razões da ação evangelizadora; sem clareza disso, pode-se fazer tudo por mero preceito e sem sentido. Diante de tantas razões, refletiremos três que nos parecem estarem mais próximas da definição do discipulado pela ação ministerial.

---

[4] COMBLIN, *Antropologia cristã*, 1985, p. 145.

[5] Cf. idem. *Théologie de la ville*. Paris: Éd. Universitaire,1968, p. 69.

[6] Cf. idem, *O tempo da ação*, 1982, p. 59.

Primeira razão:
o leigo evangeliza para libertar e ser livre

A Carta aos Gálatas define que evangelizar é agir para a liberdade e aguardar a justiça no Espírito (cf. Gl 5,13-17). Se o Espírito age para a unidade, então a sua justiça significa a igualdade de direitos e de dignidade. Se o Evangelho impele à liberdade, então instruir para a liberdade é evangelizar, auxiliando a pessoa a ser solidária e a buscar com que todos tenham a mesma dignidade de ação missionária, sem perder sua identidade ou suas diferenças. A abertura à força do Espírito e o foco no Evangelho capacita o leigo a ser um discípulo que conclama a liberdade em sua ação missionária[7]. Comblin afirma que "o núcleo central dos evangelhos de Paulo e de João é a vocação para a liberdade"[8]. Se a presença do Espírito promove a liberdade (cf. 2Cor 3,17), então a força do Espírito liberta a pessoa para anunciar o querigma em seu ministério, orientando-a para a libertação. Desse modo, abrir-se à força do Espírito tanto contribui para libertar o interlocutor quanto para libertar o próprio discípulo missionário[9]. A ação livre e para a liberdade no anúncio do querigma, portanto, é de máxima importância para que os leigos assumam com mais intensidade um ministério, agindo em prol do bem comum.

Agir pela fé de modo livre

A liberdade desde a fé provém do despertar na força do Espírito e não se confunde com libertinagem ou com liberalidade, mas é sempre ação livre para o bem. Quanto mais age de modo livre, mais a pessoa se liberta. Sua definação provém da *agape*, que está diretamente relacionada ao serviço ao próximo, como veremos adiante. A libertinagem é uma ilusão de liberdade, pois a pessoa acha-se livre

---

[7] BOFF, Leonardo. *A Santíssima Trindade é a melhor comunidade*. Petrópolis; Vozes, 1988, p. 140.

[8] Idem, *Vocação para a liberdade*, 1998, p. 11.

[9] COMBLIN, *Vocação para a liberdade*, 1998, p. 238.

para fazer o que quiser, mas em si ela se torna escrava dos seus desejos. A liberdade pela fé é um modo de superar os desejos em nome de algo maior. A *Gaudium et Spes* descreve que "é só na liberdade que o homem pode se converter bem" e que essa liberdade implica na dignidade de cada um (cf. GS 17). Entregar-se à dinâmica de satisfazer desejos não é ser livre, pois os desejos de um se confrontam com os desejos do outro, contrapondo-se à realização total dos desejos, caindo no relativismo, pois todos irão querer satisfazer os seus desejos. Ao invés de libertar, isso gera a concorrência e o confronto entre desejos e, consequentemente, pode levar ao hedonismo e escravizar.

Essa condição seria uma "liberdade de dominação"[10], pois ser dominado pelos desejos indica escravidão. Os evangelhos convidam à livre disposição de fazer voluntariamente o bem e, portanto, valorizam os ministérios, gerando mais liberdade ainda, pois fazer o bem libera a pessoa de qualquer tipo de vingança, ressentimento, mágoa ou raiva. O cuidado para com o próximo pode criar algo novo, pois fazer o bem não fere os princípios e as convicções de ninguém e não consolida o medo porque ninguém se arrepende ou sofre por ter feito o bem[11]. O Evangelho sugere a prática do amor ao próximo, levando a entender que a ação ministerial e a liberdade estão vinculadas e produzem uma ação missionária livre e sem medos.

Elaborar projetos comuns liberta

A liberdade pela fé é autêntica quando o leigo age em seu ministério pelo bem comum, sem medo, de modo livre e para a liberdade. Tal liberdade aumenta seu grau quando ele age em comunidade, pois terá mais segurança diante das dificuldades, modismos, pré-conceitos. Nesse sentido, Moltmann acredita que o discípulo missionário – leigo ou ordenado – vive melhor essa liberdade quando passa a elaborar projetos comuns. Segundo ele, a comunhão de ideais purifica as ideias e motiva à busca de novas possibilidades de agir, despertando a esperança de viver mais

---

[10] MOLTMANN, *Trindade e Reino de Deus*, 1980, p. 216.

[11] Cf. COMBLIN, *Vocação para a liberdade*, 1998, p. 238.

intensamente a liberdade[12]. Essa condição leva à necessidade de se viver em comunidade, tomando-a como suporte para ser livre, pois a comunhão com os outros é um modo de se autorrealizar[13]. A interação comunitária produz projetos comuns e é libertadora porque autorrealiza e cria mais solidariedade, gratuidade e decisão própria[14]. Sobre isso, a *Gaudium et Spes* se expressa:

> A verdadeira liberdade, porém, é um sinal eminente da imagem de Deus no homem. Pois Deus quis "deixar ao homem o poder de decidir", para que assim procure espontaneamente o seu Criador, a ele adira livremente, chegue à perfeição plena e feliz. Portanto, a dignidade do homem exige que ele possa agir de acordo com uma opção consciente e livre [...], e não por mera coação externa. O homem consegue essa dignidade quando libertado de todo o cativeiro das paixões [...]. A liberdade do homem, vulnerada pelo pecado, só com o auxílio da graça divina pode tornar plenamente efetiva esta ordenação para Deus (GS 17).

Ao assumir causas comuns, ultrapassando interesses pessoais, o leigo, em sua ação missionária, está mais propenso à comunitariedade. O Evangelho contém a Lei nova de Cristo, que é a lei do amor e da liberdade[15], e isso leva a uma nova pessoa, que não mais decide ou planeja sozinha, mas faz tudo em prol do bem comum. A lei de Cristo não destitui as outras leis, que auxiliam a organizar a sociedade, mas as ilumina, dando mais possibilidade de agir pelo bem comum[16]. Bauman mostra que as leis da religião não atrapalham a liberdade, desde que a liberdade não anule as leis, mas edifique as relações com o outro por livre iniciativa[17].

---

[12] Cf. MOLTMANN, *Trindade e Reino de Deus*, 1980, p. 219.

[13] Cf. RAHNER, *Teologia da liberdade*, 1969, p. 104.

[14] Cf. COMBLIN, *Vocação para a liberdade*, 1998, p. 238.

[15] Cf. ibidem, p. 31; 119.

[16] RAHNER, *Curso fundamental da fé*, 2008, p. 466.

[17] Cf. BAUMAN, Zigmunt. *Liberdade*. Santo André: Academia Cristã, 2014, p. 8; 17.

Evangelizar para a liberdade requer superar as leis

Para que a liberdade seja real e a evangelização aconteça através dos ministérios é preciso confiar na força do Espírito e agir à luz do Evangelho. Todavia, o ministério não pode ser definido pela lei e sim pelo serviço. A busca pelos privilégios, aguçada pelo poder, levará à dominação e a lei pode ser usada, tanto pelo ministro ordenado quanto pelo ministro leigo, para dominar[18]. O foco no Evangelho e a abertura à força do Espírito impele a superar as leis estruturais[19], não em vista de rebeldia ou contrariedades, mas sim para promover melhores relações desde a lei de Cristo. Essa visão não significa extinguir as leis institucionais ou civis, mas sim colocá-las no segundo plano, depois do Evangelho. O apóstolo Paulo tomou a lei da religião judaica como pedagógica, no sentido de que ela auxiliou o povo de Israel a superar os vícios e os pecados no processo de libertação do Egito.

A Lei é pedagógica porque educa (cf. Rm 5,20; Gl 3,19)[20]. É nessa condição pedagógica que a noção "lei de Cristo" se torna importante para a ação missionária, porque é a mesma lei do amor[21]. Paulo não suprimiu a lei judaica, mas a iluminou com a fé em Cristo, que leva a viver o amor (cf. Rm 8,2)[22]. João fez o mesmo ao pregar que "Deus é amor" (1Jo 4,8). Tanto João quanto Paulo superaram a lei e teologizaram o amor. Leonardo Boff diz o mesmo quando afirma que Jesus desteologizou a lei judaica e promoveu a liberdade da consciência oprimida[23]. Enquanto a lei judaica era tomada de modo fun-

---

[18] Marcel Gauchet afirma que o sagrado designa a conjunção tangível do visível e do invisível, do aqui embaixo e do além, e está marcado pelo surgimento do Estado, tendo fundamento de poder separado e capaz de separar (cf. FERRY, Luc; GAUCHET, Marcel. *Depois da religião*: o que será do homem depois que a religião deixar de ditar a lei? Tradução Nícia Adan Bonatti. Rio de Janeiro: Difel, 2008, p. 48-49).

[19] Cf. COMBLIN, *O provisório e o definitivo*, 1968, p. 72.

[20] Cf. ibidem, p. 58; 114.

[21] Cf. DUNN, *A teologia do apóstolo Paulo*, 2003, p. 737.

[22] Afirmamos isso por entendermos que a liberdade origina do Espírito que habita em nós e por meio dela saímos de nós mesmos para servir o próximo. É o amor como agape ou solidariedade.

[23] Cf. BOFF, *Jesus Cristo libertador*, 1972, p. 81.

damentalista, ela aprisionava, pois servia somente aos interesses dos doutores da lei, dos escribas e dos fariseus. Jesus curava e expulsava demônios e o fazia, muitas vezes, fora do perímetro da lei judaica, irritando as autoridades judaicas em razão de extrapolar a interpretação que faziam da lei. Contudo, a preocupação de Jesus era libertar a pessoa do sofrimento. Jesus superava a lei para que o povo recebesse as bênçãos prometidas por Deus (cf. Mc 7,1-23). Com tais atitudes, ele tirou o povo da defensiva, do medo, e lhe devolveu a vontade de viver a alegria de ser filho e filha de Deus. Isso tira a possibilidade de os discípulos utilizarem-se da religião para os seus próprios interesses[24], confronta o sistema legal judaico e sugere superar a lei opressora em nome do agir segundo a vontade de Deus (cf. Lc 12,54-57)[25].

Cerfaux adverte que o ser humano sempre oscila entre viver na lei ou no amor[26]. Nessa visão, o Vaticano II sugere que os cristãos ajam pelo bem, façam crescer a dignidade de cada pessoa, devolvendo-lhes a liberdade, pois, ser digno é ser livre (cf. GS 31). Essa ação pelo e com amor dá liberdade ao discípulo missionário e força para resistir à tendência em oprimir pela falsa ideia de liberdade pela lei. Por isso, viver em comunidades pequenas concretiza a dignidade e a liberdade[27], pois ali a lei é para organizar e ensinar, mas a lei que o missionário vive é o amor.

Celebrar a fé em comunidade cria liberdade

Dissemos acima que elaborar projetos comuns liberta, instrui e suscita novos discípulos entre os ministérios. Como celebração da comunidade, a Eucaristia cria liberdade, promove comunhão e auxilia a manter o anúncio querigmático atualizado, pois nela toda a comunidade participa da mesma Palavra, do mesmo Pão

---

[24] Cf. COMBLIN, *Théologie de la ville*, 1968, p. 65.

[25] Cf. BOFF, *Jesus Cristo libertador*, 1972, p. 81.

[26] Cf. CERFAUX, Lucien. *O cristão na teologia de São Paulo*. São Paulo: Paulus. 1976, p. 435.

[27] Cf. LIBANIO, *Eu creio, nós cremos*, 2004, p. 120.

e do mesmo Cálice de Salvação. Nela, as relações humanas são nutridas pela mesma filiação divina e pela partilha da fé, esperança e serviços em prol do bem comum (cf. DAp 158). Na celebração eucarística vários ministérios agem e participam juntos.

Como "fonte e centro de toda a vida cristã" (LG 11), ela possibilita reviver a experiência dos discípulos de Emaús, que reconheceram Jesus ressuscitado ao partir do pão (cf. Lc 24,31). Os sinais visíveis do Cristo, presentes na Eucaristia, que são o anúncio da Palavra, a partilha do pão e do vinho, apresentam-se através de vários ministérios e dão a reconhecer misteriosamente a presença de Jesus. A participação nesses sinais faz com que o Espírito Santo desperte em cada pessoa a vontade de anunciar com audácia a mensagem do Cristo (cf. DAp 251). Por isso, a celebração eucarística pode ser querigmática.

Celebrar a Eucaristia liberta também porque nela invoca-se duplamente o Espírito Santo nas epicleses pré e pós consecratórias. Ali, pedimos que o Espírito transforme o pão no corpo e o vinho no sangue de Cristo, e depois pedimos que esse mesmo Espírito una a todos num só corpo. O Espírito promove comunhão pela unidade desde a fé, e suscita liberdade porque onde está o Espírito do Senhor ali está a liberdade (cf. 2Cor 3,17). Cheia da presença do Espírito, a celebração eucarística conjuga a unidade de vários ministérios, sendo o lugar privilegiado do encontro dos discípulos com Jesus Cristo (cf. DAp 251).

Os discípulos missionários de Jesus – leigos ou ordenados – precisam da Eucaristia, que é fonte inextinguível do impulso missionário, fortalecedora da identidade cristã, força para se anunciar o querigma e ambiente de comunhão dos ministérios para promover unidade e mais liberdade.

Segunda razão:
evangelizar para manifestar o Reino de Deus

O Reino de Deus é um dos assuntos centrais do cristianismo, pois é a meta da fé cristã. Jesus anunciou e fez o Reino irromper na história humana e quando irrompe ele transforma tudo que é velho em novo. A realidade do Reino é sempre uma novidade que o mundo que muda. Por isso, a manifestação do Reino se dá em atitudes que o mundo político e econômico nem sempre preza. O conceito "Reino" vem do termo grego "basileia", que significa a nação ou a área sobre o qual o rei domina. Por mais de cem vezes, o Novo Testamento cita o termo "basileia"[28], que mostra o domínio de Deus no céu e na terra[29]. Reinar é um ato e, por isso, o Reino de Deus pode ser entendido como manifestação do reinado divino. O Antigo Testamento, em vários momentos, também fala do Reino de Iahweh, no sentido do domínio de Deus (cf. Êx 15,18; 19,5-6). Se Deus age inteirado com o ser humano, então o Reino de Deus se manifesta no agir do cristão. Por isso, a mensagem do Reino feita por Jesus não é idealismo, mas sim atitudes concretas e pontuais de cada pessoa que segue o Caminho. Deus reina onde o Evangelho é vivido na prática e isso só é possível pelos atos ou obras em prol do próximo.

> Na ação de Jesus é preciso ver, portanto, a presença do reino de Deus na história. O reino de Deus está na ação. Está nesse movimento de libertação de Israel vivido por Jesus. Não é estado, mas movimento. É na ação de Jesus que se revela o sentido do dinamismo que o Espírito vai desdobrar no decorrer dos séculos. Será sempre a mesma ação de libertação do povo novo, embora vivida na imensa diversidade das situações humanas[30].

Se o Reino é ação de Deus no mundo, então ele não é uma edificação material, mas sim a manifestação de atitudes que produzem a novidade e que o apóstolo Paulo chama de frutos do Espírito: "amor, alegria, paz, paciência, benignidade, fidelidade, amabilidade, autodomínio..." (Gl 5,22-23). Atitudes são atos que manifestam algo ou que dão visibilidade ao que se pensa. Com

---

[28] Há 52 ocorrências em Mateus; 16 em Marcos; 43 em Lucas; 5 em João; 2 no apocalipse; 19 vezes na literatura paulina e mais 7 vezes nos demais escritos.

[29] Cf. MOLTMANN, *Trindade e Reino de Deus*, 2011, p. 197.

[30] COMBLIN, *O tempo da ação*, 1982, p. 98.

isso, o Reino de Deus "significa manifestação visível do poder de Deus em Jesus Cristo"[31]. A prática do discípulo missionário de Jesus é produzir frutos do Espírito desde o serviço ao bem comum e nisso o Reino se manifesta. Devido a isso, a nosso ver, é mais coerente dizer "manifestar" e não "construir" o Reino. A "manifestação" significa objetivar ações que visibilizam a ação de Deus no mundo e que, a nosso ver, acontece através dos ministérios. Tais ações se tornam novidade num mundo que tem elevado grau de egoísmo e hedonismo. Desse modo, o Reino pode acontecer em todos os lugares e condições, e nunca se dá como ato concluído, mas está sempre em elaboração. Quando se fala em "construção do Reino", como comumente acontece, sugere-se uma estrutura material possível de ser concluída. O Novo Catecismo Holandês confirma o conceito de manifestar o Reino quando diz que este não é uma revolução nacional, nem consiste em sinais no céu, mas é algo oculto no dia a dia, na vida comum do ser humano[32]. Nessa mesma reflexão, Santo Tomás de Aquino mostra que o Reino é a ação divina para o bem[33]. Não sendo uma estrutura "construída", o Reino é uma realidade "vivida" e manifestada pelo cristão. Isso explica a razão pela qual o Reino não pode ser medido com medida humana, mas só pode ser reconhecido[34], mostrando que agir segundo o Evangelho é manifestar o Reino, pois "o conteúdo do Evangelho são todos os sinais da chegada do Reino de Deus no meio de nós"[35]. Se são sinais, então Jesus manifestou o Reino

---

[31] HÄRING, Bernhard. *Vocação de todos à perfeição*. In: Leigos e vida cristã perfeita. São Paulo: Paulinas, 1967, p. 135-186, p. 153.

[32] INSTITUTO CATEQUÉTICO SUPERIOR DE NIJMEGEN, *O Novo Catecismo*, 1969, p. 120.

[33] Para Santo Tomás, Deus é bom e que todo ato humano se refira a Deus também é bom (cf. TOMÁS DE AQUINO, Da Esperança em si mesma. In: Ibidem. *Suma Teológica*: 2ª parte da 2ª parte: Questões 1-79. Porto Alegre: Escola Superior de Teologia São Lourenço, 1980, Q. XVII, A. I. Nesta edição, tal citação se encontra na página 2151).

[34] Cf. KONINGS, Johan. *Jesus nos evangelhos sinóticos*. Petrópolis: Vozes, 1977, p. 31.

[35] COMBLIN, *Sujeitos e horizontes novos*. In: SUESS, Paulo (org.). *Queimada e*

curando os doentes, libertando os endemoninhados, despertando neles uma nova esperança:

> Reino de Deus significa que Deus liberta os oprimidos, os pobres, os rejeitados... Voltando a anunciar o Reino de Deus — o que já tinham feito os profetas — Jesus suscita a fé dos pobres e oprimidos, desperta a esperança do povo que já a tinha perdido, cria confiança no futuro e a estima de si próprio. Por outro lado, Jesus anuncia a presença do Reino de Deus agora. Agora mesmo Deus está agindo, realizando a sua libertação. Jesus mostra os sinais visíveis dessa ação de Deus, e chama colaboradores para — como ele — darem os sinais do Reino: cura dos doentes, expulsão dos demônios, atendimento aos pobres e acolhida oferecida a todos os rejeitados. O convite feito aos discípulos é para que sejam instrumentos do advento do Reino de Deus[36].

Para o Vaticano II, o "Reino se manifesta lucidamente aos homens na palavra, nas obras e na presença de Jesus" (LG 5). Jesus apresenta tais sinais quando, na sinagoga de Nazaré, mostra que o Reino está acontecendo porque os pobres são evangelizados, os presos e oprimidos são libertados, os cegos são curados e o perdão é dado para todos (cf. Lc 4, 18-19). Ali, ele afirma a manifestação de uma nova realidade pelas suas ações, distanciando-se de uma concepção idealista, espiritualista e abstrata do Reino. Assim, o Reino é uma realidade de relação concreta com os outros, manifestado pelas atitudes e relações humanas[37]. Essa realidade pode ser vivida por todos os cristãos e, de modo especial, pelos ministérios eclesiais, pois as ações ministeriais orientadas pelo Evangelho em prol do bem comum necessariamente manifestam o Reino.

---

semeadura: da conquista espiritual ao descobrimento de uma nova evangelização. Petrópolis: Vozes, 1988. P. p. 225.

[36] Idem, *Reino de Deus*, 1997, < http://vidapastoral.com.br/artigos/cristologia/reino-de-deus-utopia-profetica-de-jesus-na-vivencia-crista-hoje/> Acesso em 26 de jun. 2015.

[37] MOLTMANN, *Trindade e Reino de Deus*, 2011, p. 216.

Os milagres realizados por Jesus são atitudes manifestadoras do Reino porque geram esperança e libertação numa situação de doença, marginalização e discriminação[38]. Os milagres beneficiam quem os recebe, mas também manifestam o Reino porque são ações visíveis da libertação do mal que a pessoa trazia consigo. Na Encíclica *Redemptoris Missio*, o Papa João Paulo II parece concordar em que as ações humanas manifestam o Reino quando diz que as pessoas aprendem a amar, perdoar e a servir mutuamente pelas ações de fraternidade e de solidariedade. Esse aprendizado não se dá de modo ideológico, mas sim por meio da fé em Cristo (cf. RM 5; 18). Entender o Reino de Deus como uma realidade manifestada é compreender que ele é atualizável, pois as atitudes se renovam na história, dependendo da situação de cada contexto. É compreender também que em cada testemunho cristão Deus se apresenta e o seu Reino se manifesta.

Por não ser pleno neste mundo, o Reino de Deus se apresenta como uma "utopia profética de Jesus na vivência do hoje"[39]. Certamente, pois ao anunciar a presença do Reino, Jesus concentrou-se no presente, projetando uma utopia para o futuro. A utopia cria perspectivas para o futuro desde os desafios do presente e ao anunciar que o Reino de Deus está próximo, Jesus mostra que ele já está acontecendo, mas ainda não é pleno e só o será no futuro (cf. Mc 1,15). O evangelista Lucas articula a mesma ideia quando diz que "o Reino não é observável porque não se pode dizer: 'Ei-lo aqui! Ei-lo ali', pois eis que o Reino de Deus está no meio de vós" (cf. Lc 17,20). Portanto, o Reino é uma realidade manifestada e sempre buscada, mas ainda não plenamente alcançada. Abaixo, quatro possibilidades de manifestação do Reino, que estabelecem um perfil de evangelização para os ministros leigos e ordenados e que fundamentam a missionariedade do discípulo de Jesus.

---

[38] Cf. SOBRINO, *Jesus Cristo, o libertador*, 1994, p. 138.

[39] COMBLIN, *Reino de Deus*, 1997, < http://vidapastoral.com.br/artigos/cristologia/reino-de-deus-utopia-profetica-de-jesus-na-vivencia-crista-hoje/> Acesso em 29 de jun. 2015.

Manifestar o Reino desde a pobreza

A Conferência de Aparecida mostra que a missão dos discípulos é instaurar o Reino (cf. DAp 361). O envio dos discípulos para fazer discípulos em todas as nações tem como fator central o anúncio e o testemunho do Evangelho a todas as pessoas: doentes (cf. Lc 5,13); autoridades (cf. Jo 3,1-15); inimigos (cf. Mt 5, 44) e aos mais pobres (cf. Mc 2,16; Lc 4,18-19; 6,36-50; 14,15-24)[40]. Os mais necessitados sãos os primeiros a serem especialmente considerados, não por serem bons ou maus, mas sim porque neles se fazem mais urgentes as obras de caridade e, consequentemente, as atitudes que manifestam o Reino (cf. Mt 5,3-10)[41]. A Conferência de Aparecida diz que a relação do Reino com os pobres se dá porque a situação de pobreza contradiz o projeto dos evangelhos e reivindica a presença do Reino (cf. DAp 8; 392-393). A realidade de pobreza é sinal de carência de atitudes de caridade que manifestam o Reino e, por isso, expressa o necessário anúncio do Evangelho. O mensageiro do Evangelho é missionário quando anuncia o querigma através das atitudes de caridade, manifestando o Reino aos pobres. Ao refletir sobre a pobreza na vida religiosa, Rahner reitera que a vida de pobreza dos religiosos se torna mensagem para que os pobres enfrentem a realidade de pobreza em que vivem. Ao agir como pobre, o religioso se torna discípulo missionário de Jesus porque sendo como pobre os acolhe melhor e assim manifesta o Reino a eles[42]. Jesus assumiu a *kénosis*, despojando-se de sua divindade (cf. Fl 2,7), e fez um ato de solidariedade e de amor, impelindo outros a desapegarem-se de seus interesses pessoais para manifestarem o Reino de Deus pelas ações livres, solidárias e fraternas (cf. Mt 8,20; Lc 9,57; 2Cor 8,9). A riqueza material leva à excessiva preocupação com as posses e tende a isolar no egoísmo e no poder dominador, distanciando a pessoa das

---

[40] Em relação à pobreza, a Conferência de Aparecida se refere à pobreza integral, ou seja, a todos os casos de exclusão econômica, em que o ser humano é ignorado e colocado em situação de miséria, assim como aqueles perdem sua dignidade humana em razão das injustiças.

[41] Cf. COMBLIN, *A força da Palavra*, 1986, p. 48.

[42] Cf. RAHNER, *Teologia da pobreza*, 1969, p. 30.

atitudes de solidariedade e de fraternidade, bem anunciadas pelo projeto dos evangelhos. As posses promovem no ministro leigo ou ordenado o medo de perder tudo e lhe desviam o foco das atitudes que manifestam o Reino para atitudes que lhe dão segurança pessoal[43]. Um ministro leigo ou ordenado, preso à realidade egoísta, deixa de ter atitudes que manifestam o Reino de Deus e passa a manifestar o desejo de construir o seu próprio reino. O desapego deixa a pessoa livre dos interesses pessoais (cf. Mt 6,19-24; 13,22; 19,23ss; Mc 10,25; Lc 1,53), pois os que se desapegam abandonam a dependência das preocupações com os bens materiais[44]. Em si, Jesus assumiu a pobreza como disposição de liberdade e por essa disposição ele manifestou o Reino de Deus em suas atitudes.

A pobreza é uma condição para as ações que manifestam o Reino, pois o desapego dos desejos e dos bens materiais possibilita liberdade para agir sem medo, sem preocupar-se com as seguranças. Pela pobreza, os ministros eclesiais se tornam discípulos missionários de Jesus, pois se libertam de tudo que pode lhes tirar a disposição para agir gratuitamente e com humildade, necessário para produzir atitudes que manifestam o Reino de Deus.

Manifestar o Reino vivendo com os pobres

Deus reina libertando os oprimidos, diz Comblin[45]. Tal afirmação intui que a manifestação do Reino se dá pelas atitudes de Deus em relação aos pobres. Os pobres são os que mais necessitam da manifestação do Reino, indicando que a parcialidade de Deus junto à pobreza se dá em razão da carência de atitudes pró Reino[46]. Várias outras afirmações dos evangelhos também denotam essa parcialidade (cf. Mt 11,5; Lc 4,18-19; 7,22; 6,20). Mesmo que

---

[43] Cf. ibidem, p. 40.

[44] Cf. COMBLIN, *Vocação para a liberdade*, 1998, p. 257-258.

[45] Cf. idem, *Reino de Deus*, 1997, < http://vidapastoral.com.br/artigos/cristologia/reino-de-deus-utopia-profetica-de-jesus-na-vivencia-crista-hoje/> Acesso em 29 de jun. 2015.

[46] SOBRINO, *Jesus o libertador*, 1994, p. 128.

indiretamente, essa visão pastoral aparece no Vaticano II, quando ensina que Cristo se faz presente nos pobres, que clamam em alta voz pela caridade (cf. GS 88). As atitudes de caridade manifestam o Reino, denotam a presença de Cristo e são capazes de afetar consideravelmente a ordem do mundo, em benefício da ordem de Deus.

Ao entendermos que o pobre é aquele que está mais próximo do risco de morte física e cultural, podemos compreender que a pobreza revela onde o Reino precisa ser manifestado, pois ali o Evangelho precisa ser vivido. Se o Reino é vida em Deus, que é o Deus dos vivos, então a manifestação do Reino está toda voltada para a vida. Portanto, o pobre não é um novo tema, nem um objeto da ação evangelizadora, mas sim um sinal que revela onde o Reino precisa ser manifestado de modo mais direto. Nenhum ministério é chamado a viver o assistencialismo e o paternalismo em sua ação missionária, pois isso humilha os pobres, no sentido de que a situação de miséria não torna as pessoas objetos, senão sujeitos que expõem ao mundo a crueldade da pobreza e a necessidade de a fé confrontar o cinismo, a mentira e a arrogância dos satisfeitos[47]. Assim, os pobres não precisam necessariamente de assistencialismo, mas sim de oportunidades para que sejam sujeitos e protagonistas da ação evangelizadora. Jesus agiu junto aos pobres da Galileia, e ali teve atitudes que manifestaram o Reino, a saber: libertar, curar, perdoar, acolher, etc. Os milagres e curas efetuadas por Jesus atingem as pessoas em condições de extrema pobreza e lhes despertam a esperança de uma nova vida. A proximidade aos pobres é central para a ação missionário-evangelizadora e tanto o ministro leigo quanto o ministro ordenado podem, junto a eles, anunciar o querigma com atitudes que manifestam o Reino.

Viver com os pobres não significa ser miserável, mas sim abrir-se à conversão cristã que se traduz em acolher todas as dimensões humanas numa perspectiva nova à luz do Evangelho. É optar por viver o mais coerente possível com o agir de Deus. O evangelista

---

[47] Cf. BRIGHENTI, Agenor. Itinerário de uma ousadia que continua fazendo caminho: prefácio à edição brasileira. In: GUTIÉRREZ, Gustavo; MÜLLER, Gerhard Ludwig. *Ao lado dos pobres*: Teologia da Libertação. São Paulo: Paulinas, 2014, p. 11.

Mateus define que a verdadeira conversão significa procurar, antes de tudo, o Reino de Deus (cf. Mt 6,33). Ora, se o Evangelho é o projeto para que o Reino de Deus se instaure, então assumir e viver o Evangelho é manifestar o Reino, aproximando-se dos que mais precisam. Isso significa conformar a opinião e a vontade com o ensinamento de Deus[48]. É mudar o modo de pensar para pensar segundo os evangelhos, que mostram como Deus age e pensa. Converter-se significa mudar a forma de pensar para agir do modo de Deus. A conversão cristã não significa mudar para participar do Reino, mas sim mudar para que o Reino aconteça pelas ações, que são frutos de uma vida nova. Desse modo, conversão é abrir-se à interação com a força divina.

Quem nutre em si a atitude de amar o próximo experimenta a força de Deus de um modo tão profundo que suas atitudes visibilizam a presença de Deus. Nessa perspectiva, estar com os pobres não é fazer tudo por eles, mas sim anunciar o Evangelho de modo caridoso, fraterno e profético, desvelando que todos são amados por Deus e que, em todas as ações é possível descobrir esse amor e viver o Reino de Deus. Onde o amor é negado, então nega-se a dignidade. Pobreza não é falta de Deus, como, muitas vezes, prega a teologia da prosperidade, mas sim uma condição que mostra a real carência de respeito aos direitos humanos. O empobrecido não é um destituído da presença divina, mas sim um destituído do respeito à sua dignidade, e resgatar esse respeito é a missão do discípulo de Jesus, realizada desde a vivência do seu ministério.

Manifestar o Reino assumindo a kénosis

O hino aos filipenses diz que Jesus se esvaziou – *kénosis* em grego – de si mesmo (cf. Fl 2,6-11). Isso parece resumir todo o caminho de Jesus[49] porque, ao colocar-se como depen-

---

[48] Cf. PEREIRA, Isidro. *Dicionário grego-português e português grego*. Braga: Livraria do Apostolado da Imprensa, 1990, p. 367.

[49] COMBLIN, José. *O caminho*: ensaio sobre o seguimento de Jesus. São Paulo; Paulus, 2005, p. 107.

dente do Pai, ele assume a lógica da fraqueza e da simplicidade dos pobres. A livre decisão de Jesus pela *kénosis* mostra a necessidade de esvaziar-se dos próprios interesses para assumir os interesses do Evangelho, num ato de liberdade[50]. Os Santos Padres, teólogos cristãos dos primeiros séculos, afirmaram que a *kénosis* expressa a liberdade de Jesus de comunicar-se com o Pai, com o Espírito e com o ser humano[51]. Assim, a mútua comunicação entre Deus e o ser humano prova que a *kénosis* é real[52]. Essa comunicação gera o relacionamento concreto entre a dimensão humana e divina, que leva à manifestação do Reino[53]. Pela *kénosis*, Jesus se comunicou com o ser humano sem deixar de comunicar-se com o Pai e o Espírito, manifestando assim o Reino em suas ações. Todo ministério que experimenta a *kénosis*, certamente, terá uma comunicação maior com Deus e com seu interlocutor.

Ao comentar o episódio do "Bom Samaritano", o Papa Francisco considera a necessidade de se desenvolver a "cultura do encontro", cujo centro é a comunicação interpessoal, sugerindo que a condição kenótica exige encher-se da presença do outro[54]. Portanto, a *kénosis* configura um esvaziamento pessoal para encher-se do Evangelho: "...o que perder sua vida por causa de mim, a encontrará" (Mt 16, 24-25). Santo Afonso de Ligório define o conhecimento do amor não por aquilo que mais convém à dignidade da pessoa que ama, mas sim por aquilo que mais facilita encontrar-se com ela[55]. Quem quer se comunicar de

---

[50] Cf. RAHNER, *Curso fundamental da fé*, 2008, p. 54.

[51] Cf. BOFF, *A Santíssima Trindade é a melhor comunidade*, 1988, p. 180.

[52] Cf. XAVIER, Donizete José. *A teologia da Santíssima Trindade*: Kénosis das Pessoas Divinas como manifestações do amor e da misericórdia. São Paulo: Palavra e Prece Editora, 2005, p. 87.

[53] Cf. COMBLIN, *Jesus, o enviado do Pai*. São Paulo: Paulus, 2010, p. 66.

[54] Cf. FRANCISCO, Papa. *Caminhar com Jesus*: o coração da vida cristã. São Paulo: Fontanar, 2015, p. 85.

[55] LIGÓRIO, Afonso. *A prática de amar a Jesus Cristo*. Aparecida: Santuário, 1994, p. 16.

todos os modos com a pessoa amada esquece de si mesmo. Isso afeta consistentemente a ação evangelizadora porque mostra que o fator principal da evangelização consiste em auxiliar a pessoa a amar a Deus com responsabilidade. A *kénosis* é um elemento que transparece essa responsabilidade de amor, pois requer que a pessoa saia de si mesma e vá em direção ao outro. Exige calar para que o outro fale, e falar para que o outro também possa falar. Assim, a *kénosis* promove ministros que acentuam as relações de liberdade e de amor, implicando no esvaziar-se para encher-se da presença do outro, em completa alteridade. A dimensão da *kénosis* vivida pelo ministro eclesial manifesta o Reino em razão de ser profundamente guiada pelo amor. Na teologia contemporânea, a *kénosis* "significa a pessoa despojar-se por amor do que lhe é próprio, dar-se totalmente para fazer-se um com os outros, para viver com o outro, para permitir que o outro se realize e, desse modo, colocar as condições para ser plenamente ele próprio"[56]. De per si, ela promove a liberdade autêntica e gera comunicação, resultando da livre opção de deixar o outro existir no próprio "eu" para servi-lo com o Evangelho, segundo a visão de Emmanuel Levinas[57]. Portanto, a liberdade de acolher o outro sem temor e sem defesas tira a preocupação com o "gostar" e o põe na relação de "amar" desde o Evangelho.

Amar segundo o Evangelho é viver sob o reinado de Deus, pois é agir em prol do próximo pela solidariedade[58]. O apóstolo Paulo diz que Cristo se esvaziou de um modo tão profundo que nos constrange (cf. 2Cor 5, 14). Ou seja, ele assumiu seu ministério com responsabilidade e tomou para si as consequências disso, assinalando que o discípulo missionário de Jesus segue por esse Caminho.

---

[56] XAVIER. *A teologia da Santíssima Trindade*, 2005, p. 87.

[57] Cf. LEVINAS, Emmanuel. *O tempo e o outro*. Tradução ao manuscrito de Ulpiano Vázquez. Belo Horizonte: FAJE, 2011, p. 5.

[58] Cf. COMBLIN, *O Espírito no mundo*, 1978, p. 70.

Manifestar o Reino agindo profeticamente pela esperança

Os evangelhos mostram que Jesus age numa perspectiva profética, porém, diferentemente dos profetas do Antigo Testamento, ele não adota uma mensagem messiânico-apocalíptica, mas utópica. Ou seja, ele anuncia a esperança de que o Reino já está acontecendo, mas que sua plenitude somente acontecerá no futuro. Essa esperança se dá do futuro para o presente e o presente é vivido como possibilidade mais plena no futuro. Pela utopia, a esperança não é passiva, mas sim transformadora, pois faz com que desanimados se tornem intrépidos e os tristes se tornem alegres. A força dessa ação suscita a esperança e dá condições para seguir o "*Caminho* [que] foi, com certeza, um dos primeiros nomes que os cristãos deram à sua nova vida de convertidos a Jesus. Para eles, a vida nova era um caminho novo, e o que Jesus lhes pedia era que seguissem nesse caminho"[59]. O anúncio da esperança promove uma vida diferente em qualquer época[60], pois revela a possibilidade de um mundo melhor, que transforma a história da humanidade, não pelo poder externo, mas sim pela mudança que surge de dentro, de baixo, do reverso da história. Por essa razão, o evangelista João insiste na prática do amor como algo profético[61]. Se a profecia cristã é fazer uma denúncia contra aquilo que se contrapõe à mensagem de Deus, então, agir com e pelo amor é contrapor-se às atitudes de ódio, produzindo frutos do Espírito[62]. Ao recomendar a prática do amor, o Evangelho desautoriza a fuga para uma fé cômoda ou espiritualista.

Dizer que o profeta cristão age diferentemente dos profetas do Antigo Testamento, apoiando-se nas promessas de Deus, mas lutando para transformar o mundo por suas atitudes de amor, é

---

[59] Idem, *O caminho*, 2005, p. 7.

[60] Cf. MENDONZA-ÁLVARES, Carlos. *Deus ineffabilis*: uma teologia pós-moderna da revelação do fim dos tempos. São Paulo: É Realizações, 2016, p. 27.

[61] Cf. ibidem, p. 92.

[62] Cf. RAHNER, *Curso fundamental da fé*, 2008, p. 366.

definir que a ação do discípulo missionário de Jesus precisa estar focada no Evangelho[63]. Não se pode desconsiderar as promessas divinas, pois a esperança cristã se apoia nelas para a manifestação do Reino nem deixar de viver atitudes respaldadas pelos evangelhos, como bem ensina a parábola dos talentos (cf. Mt 25,14-46). Para Schillebeeckx, o batismo de Jesus no Jordão foi seu primeiro ato profético, pois denunciou que o povo de Israel havia se desviado do caminho de Deus. Jesus viu que o povo "precisa de conversão, necessitando voltar para Deus, conforme o Batista exige"[64]. Nesse sentido, o Batismo é um instrumento importante de conversão, pois ali a Palavra é anunciada. Contudo, a prática dos primeiros cristãos era a de batizar somente quem se convertia ao Evangelho, tomando o Batismo como um sacramento de resposta à conversão[65]. Assim, o que importa não são as definições sobre o Batismo, senão o compromisso que o Batismo requer de o discípulo viver a prática do Evangelho. Assumir o Batismo profeticamente exige denunciar tudo aquilo que se contrapõe ao Evangelho[66]. Essa ação profética do discípulo promove ações que confrontam as situações contrárias ao Evangelho e gera uma vida nova. Os profetas do Antigo Testamento anunciavam as promessas de que o Messias viria para salvar o povo. No Novo Testamento, essa promessa foi cumprida em Jesus, agora, o anúncio é a promessa da plenitude do Reino e, por isso, leigo e ordenado, cada um em seu ofício, têm a missão de anunciar a esperança de um futuro melhor, combatendo o que contrapõe essa condição dada pelo Evangelho.

---

[63] Cf. COMBLIN, *A profecia na Igreja*, 2009, p. 72.

[64] SCHILLEBEECKX, Edward. *Jesus*: a história de um vivente. São Paulo: Paulus, 2008, p. 38.

[65] Cf. TABORDA, *Nas fontes da fé cristã*, 2001, p. 36-37.

[66] Cf. BOFF, *Jesus Cristo Libertador*, 1977, p. 66.

Terceira razão: evangelizar para reunir o povo de Deus

O apóstolo Paulo chama o povo de Deus de "Igreja" ou "assembleia", mas não diz que o povo se reduz ao sistema hierárquico da Igreja. O povo de Deus é maior que a dimensão institucional da Igreja porque é um povo que existe dentro dos outros povos e não se resume à institucionalidade eclesial[67]. Por essa razão, a ação evangelizadora eclesial busca a reunião de todos os povos num só povo de Deus, mas essa missão não condiz em querer reduzir todos à Igreja institucional. Ao contrário, a missão eclesial é estabelecer um só povo de irmãos, capaz de viver a solidariedade desde suas diferenças. Assim, para reunir o povo de Deus numa só prática, sem extinguir as diferenças, o discípulo missionário precisa atentar para três elementos: abertura para interagir com o Espírito, observar as mudanças históricas, atentar para a limitação humana. É importante refletir cada elemento desses na perspectiva do discipulado.

Reunir o povo de Deus pela abertura à força do Espírito

O Pentecostes mostra que é possível reunir o povo de Deus em suas diferenças, pois a diferença de línguas não dificultou a pregação do querigma (cf. At 2,4-12)[68]. A Igreja surgiu convivendo com as diferenças e desde o diferente ela valorizou as relações de igualdade, fraternidade e solidariedade[69]. O mesmo acontece com as diferenças de carismas e ministérios. Na atualidade, essa visão do Evangelho requer que o discípulo missionário tenha, em seu ministério, uma atuação mais acirrada em relação às diferenças, pois a sociedade atual apresenta-se cada vez mais diversa, em razão do novo modo de pensar do ser humano[70]. Nessa condição, a

---

[67] Cf. COMBLIN, *O Espírito no mundo*, 1978, p. 12.

[68] Ibidem, p. 17-18.

[69] Cf. Ibidem, p. 10; 13.

[70] Cf. BAUMAN, *Tempos líquidos*, 2007, p. 8.

missão do discípulo missionário é evangelizar pelo seu ministério, suscitando comunidades solidárias e fraternas, capazes de combater radicalismos e extremismos, para então reunir todos como um povo. As diferenças não contradizem a unidade e a comunhão, apenas reconfiguram a maneira de pensar.

Ratzinger diz que o novo povo de Deus é formado somente por crentes em Cristo, ou somente por aqueles que pertencem ao "Corpo de Cristo"[71]. Essa visão é bastante centrada na institucionalidade eclesial. Nessa ideia, haveria grande problema em promover o diálogo interreligioso. A nosso ver, isso gera um dilema na ação missionária do discípulo, pois nem o novo povo de Deus pode ficar sem uma orientação, o que levaria ao relativismo, nem a Igreja pode querer abarcar todo o povo de Deus em sua institucionalidade, que levaria ao proselitismo. Entretanto, a ação do discípulo – leigo ou ordenado – é agir para que aconteçam relações concretas entre pessoas que se organizam e agem desde a solidariedade[72]. O Vaticano II afirma que o povo de Deus é uma situação real de pessoas que se pretendem livres (cf. LG 9; 13). Ou seja, o novo povo de Deus é uma realidade para além das categorias institucionais da Igreja Católica. Isso não desconsidera a reflexão de Ratzinger, pois viver o Evangelho em comunidades exige focar em Cristo, mas também não quer dizer que todos os membros desse povo devam viver na institucionalidade eclesial, numa visão reducionista. O Vaticano II entende que o sentido do povo de Deus depende do estímulo e do robustecimento do Espírito Santo (cf. AG 23-24), mostrando que a configuração desse povo depende de discípulos que se abram à força do Espírito e atuem em todas as dimensões, sem proselitismos ou reducionismos.

É evidente que há pessoas que ignoram a força do Espírito, mas que vivem em relações de fraternidade e de solidariedade. Tais pessoas se enquadram no conceito de "cristãos anônimos", expressão usada por Rahner que, mesmo sendo um conceito criticado por ter uma índole redutiva ao cristianismo e capaz de anular

---

[71] Cf. RATZINGER, Joseph. *O novo povo de Deus*. São Paulo: Paulinas, 1974, p. 80, 99.

[72] Cf. COMBLIN, *O Espírito no mundo*, 1978, p. 11.

o diálogo interreligioso, auxilia a acolher aqueles que não conhecem o Cristo, mas que agem para o bem[73]. Nessa mesma visão, pode-se dizer que o que constitui um povo não é simplesmente viver a comunhão de fé, de sacramentos e de governo, que geram uma comunhão espiritual, mas é encarnar-se numa comunhão humana, de vida comum, cheia de sentido[74]. As multidões que seguem Jesus são o povo de Deus, reunido pelo sentido de estar com Jesus e buscar em comum as graças que ele distribui. Assim, o novo povo de Deus é constituido tanto pelos membros da Igreja quanto pelos que não compõem a institucionalidade eclesial, em especial pelos que buscam algo em comum relacionado ao respeito à dignidade humana.

Reunir o povo de Deus desde as mudanças históricas[75]

As contingências históricas mostram os sinais dos tempos e o espírito da época, pois englobam os novos valores que precisam ser assimilados ou confrontados pelo Evangelho. Os valores do Evangelho dependem de tempo para se incorporarem à sociedade e amadurecerem, porém, a fluidez da sociedade atual, em suas mudanças rápidas, não dificulta a incorporação

---

[73] Cf. RAHNER, *Curso fundamental da fé*, 2008, p. 360.

[74] Cf. COMBLIN, *O povo de Deus*, 2002, 147.

[75] David Harvey e Peter Drucker afirmam que, nos últimos séculos, ocorreram mudanças significativas nas práticas culturais, políticas e econômicas dos países ocidentais e orientais e que tais mudanças apontam para uma sociedade diferente, com sinais de uma civilização pós-capitalista e inteiramente nova. Para Harvey, a tentativa dessa nova mentalidade é desconstruir instituições tradicionais da classe trabalhadora, mascarando os efeitos sociais da política econômica de privilégios, passando de uma mentalidade ética para uma mentalidade estética, capaz de estetizar os pobres, a fim de tirar a pobreza do campo de visão. Pensa-se que aquilo que não é visto não é computado (cf. HARVEY, David. *Condição pós-moderna*: uma pesquisa sobre as origens da mudança cultural. São Paulo: Loyola, 2013, p. 301). Em Drucker, a sociedade tende a assimilar o conhecimento e quem regerá a vida social serão os detentores do conhecimento (cf. DRUCKER, Peter. *Sociedade pós-capitalista*. São Paulo: Editora Pioneira, 1999, p. 16).

desses valores e compromete a ação missionário-evangelizadora[76]. Para que os valores do Evangelho sejam incorporados à sociedade, o discípulo missionário precisa observar os elementos que não condizem com o respeito à dignidade humana e, ciente do "espírito da época", mostrar que tais valores condizem com as aspirações das pessoas daquele contexto[77]. O Decreto *Apostolicam Actuositatem* estabelece que as situações históricas expõem a necessidade de se fazer o anúncio querigmático em qualquer situação ou época (cf. AA 6). Esse é um outro modo de afirmar que a realidade histórica auxilia o discípulo missionário a agir em missão desde as aspirações do povo. Sobre isso, o Papa Francisco se expressa da seguinte forma:

> A Igreja reconheceu que a exigência de ouvir este clamor deriva da própria obra libertadora da graça em cada um de nós, pelo que não se trata de uma missão reservada apenas a alguns: "A Igreja, guiada pelo Evangelho da Misericórdia e pelo amor ao homem, escuta o clamor pela justiça e deseja responder com todas as suas forças" (EG 188).

Ao observar a realidade desde o "espírito da época", o discípulo missionário age dentro das melhores circunstâncias e oportunidade, e assim anuncia o Evangelho de modo mais eficaz e maduro. O apóstolo Paulo sentencia: "Eu plantei; Apolo regou, mas é Deus quem faz crescer. [...] Nós somos cooperadores de Deus, e vós sois a seara de Deus, o edifício de Deus" (1Cor 3, 6.9). Esse é o exemplo de que a interação entre o mensageiro, o interlocutor, os sinais dos tempos e o espírito da época leva a uma ação evangelizadora respeitosa do processo de cada um, desinteressada de privilégios e capaz de recriar o Evangelho em cada contexto da realidade.

---

[76] Cf. BAUMAN, Zigmunt. *Identidade*. Rio de Janeiro: Zahar, 2005, p. 57.

[77] Cf. COMBLIN, José. A evangelización como negatividad y profecía. In: GUTIÉRREZ, Gustavo et alii. *Salvación y construcción del mundo*. Santiago: Dilapsa, 1968, p. 137-138.

Reunir o povo apesar da limitação humana

A limitação humana condiz com a fraqueza do discípulo e dos seus interlocutores:

> No entanto, a ação por excelência, a ação fundamental é aquela do homem comum, do homem anônimo da base. Tudo que é dito na mensagem cristã, é dito para ele, em primeiro lugar. Se fazemos teologia da ação, ela é feita para ele e não pretende outra coisa senão exprimir o que é a ação na base, a ação dos pobres em primeiro lugar[78].

O apóstolo Paulo diz que a limitação humana não é obstáculo para o cristianismo, cuja fé é baseada na fraqueza (cf. 1Cor 1,25). Para o cristão, mesmo as experiências passivas podem ser evangelizadoras[79] e os que são considerados fracos ou inativos também podem evangelizar: "Fracasso e hostilidade não podem levar os mensageiros a duvidar de serem enviados por Jesus. Jesus repete, para forte apoio e grande conforto: 'Eis que eu os envio!'"[80]. A fraqueza e a limitação humana não são empecilhos para agir na missão e para evangelizar. Sobre isso, Leonardo Boff diz que a experiência de fraqueza é, na verdade, "transparência", ou seja, é a capacidade de se transluzir Deus ao outro, mesmo no silêncio ou na inércia física[81]. Com isso, a missão de reunir o povo de Deus não depende de notabilidade, mas sim de uma decisão. Muitos leigos se sentem fracos e incapazes de agir, contudo, esquecem que a fraqueza é a fortaleza dos cristãos, pois sendo fraco ele é forte (cf. 2Cor 12,10). O Evangelho e a força do Espírito dão autoridade ao discípulo, independentemente de seu ministério, para doar-se em todas as circunstâncias, e assim suscitar comunidades de relações fraternas e solidárias.

---

[78] Idem, *O tempo da ação*, 1982, p. 373.

[79] Cf. MOLTMANN, Jürgen. *Quem é Jesus Cristo para nós hoje?* Petrópolis: Vozes, 1997, p. 48.

[80] BONHOEFFER, *Discipulado*, 2004, p. 133.

[81] Cf. BOFF, *Mística e espiritualidade*, 1996, p. 71.

A FORMAÇÃO PARA O DISCIPULADO MISSIONÁRIO DE JESUS

A Conferência de Aparecida entende que a formação do discípulo missionário de Jesus requer cinco aspectos fundamentais, a saber: levar ao encontro com Cristo, promover a conversão, focar o discipulado, criar comunhão e levar à ação (cf. DAp 278). A sugestão dessa Conferência se dirige a todos os cristãos – leigos e ordenados. É certo que o clero, em sua formação, entra em contato com a teologia e tem possibilidade de viver tais aspectos. No entanto, os leigos têm mais dificuldades em relação a isso e precisam de uma formação mais orientada a essas dimensões. Os cinco aspectos elencados pela referida Conferência estão ligados a cinco critérios básicos, a saber: formação integral e permanente, atenção a todas as dimensões da vida, respeito aos processos, proximidade dos interessados e valorização da ação (cf. DAp 279-285). Entretanto, tais aspectos e critérios só terão sentido se o ministro se comprometer livremente com esse processo, fazendo a relação disso com sua vida.

O Novo Catecismo da Igreja diz que o dogma, a liturgia, a moral e a oração são elementos importantes para sustentar a fé. A doutrina é importante, mas perde seu sentido existencial se a pessoa não souber relacionar o que crê com a realidade que vive. Diante dessa constatação, a formação para o discipulado de Jesus requer "preparar grupos de cristãos realmente transformados e libertos pelo Evangelho, para que possam ser o fermento de uma nova sociedade no mundo"[1]. Assim, a instrução ao discipulado missionário condiz com o saber relacionar sua vida com a prática

---

[1] COMBLIN, *Vocação para a liberdade*, 1998, p. 11.

da fé e elaborar melhor seu conhecimento sobre aquilo que crê. Agir e conhecer contribui para libertar do medo de encarar o mundo pelo Evangelho. Formar discípulos pela interação entre fé, vida e realidade evita a imposição de doutrinas pré-concebidas[2].

Com isso, o processo de formação exige instruir o discípulo para que busque no Evangelho as respostas para sua vida concreta e aplicá-las no dia a dia, como um verdadeiro missionário[3]. Sem isso, ele terá dificuldades de ir pelo mundo para fazer com "que todas as nações se tornem discípulas, batizando-as em nome do Pai, do Filho e do Espírito Santo e ensinando-as a observar tudo quanto vos ordenei" (Mt 28,19-20). Portanto, a formação de discípulos e a instrução para viver a fé e agir desde a realidade são ações correlatas. Quando o Vaticano II diz que a pregação é edificante para quem a realiza e para quem recebe o anúncio (cf. SC 9), mostra que a ação evangelizadora do cristão requer dar para receber. Com isso, o processo de instrução para o discipulado não consiste em formar mestres nem guias, apenas irmãos: "Quanto a vós, não permitais que vos chamem 'Rabi', pois um só é o vosso mestre e todos vós sois irmãos [...] Nem permitais que vos chamem 'guias', pois um só é vosso guia, Cristo" (Mt 23,8; 10).

A formação do discípulo e a relação entre fé e vida

Todo discípulo, tanto o leigo quanto o ordenado, é convidado a anunciar o querigma, testemunhando e agindo desde sua fé em Cristo às pessoas que dizem ter fé e às céticas em todos os lugares e situações. Ele também age para que os que começaram a crer cresçam e vivam a fé de modo concreto, assumindo uma nova postura perante o mundo. Assim, a formação do discípulo não pode prescindir de uma teologia de serviço ao povo e a partir do povo. Esse processo exige relacionar o Evangelho com a história, em que o ser humano existe e se correlaciona. Mesmo que a história não esgote a realidade de Deus, é nela que o ser humano se

---

[2] Cf. idem, *Teologia da Missão*, 1973, p. 82.

[3] Cf. ibidem, p. 8.

encontra com Deus, pois esse é o seu espaço para viver e interagir com a ação divina[4]. O significado e a percepção da Revelação se dão na história e, por isso, instruir o discípulo na relação entre fé e vida significa projetar uma formação integral na realidade. O Decreto *Apostolicam Actuositatem* confirma a instrução "multiforme e integral. [...] peculiar e específica, por causa da diversidade de pessoas e circunstâncias" (AA 28). Assim, para que a pessoa reelabore sua vida desde a fé ela precisa ser instruída de modo coletivo e diferenciado[5]. Segundo Rahner, a formação deve ser simples para contribuir com a capacidade de o cristão compreender a si mesmo desde a realidade[6], mas só irá confrontar sua fé com o contexto em que vive se não ficar preso a um linguajar teórico. A teoria é importante para a formação, mas a ação comunitária é imprescindível. Em razão disso, o Concílio Vaticano II destacou o método ver, julgar e agir, que vem da Ação Católica, como ideal para a ação missionário-pastoral (cf. AA 29)[7]. Tal método pressupõe um contato direto e integral da ação com a realidade e, a partir disso, a formação tende a ser livre e libertadora. Quanto mais souber aproximar o Evangelho da realidade, mais concreta e real será sua formação e mais poderá evangelizar e ser evangelizado.

A formação doutrinal também é importante, mas se ela ficar reduzida somente a isso, a ação do discípulo ficará reduzida ao espaço eclesial e sem interação com a realidade[8]. Esse isolamento pode cau-

---

[4] Cf. LIBANIO, *Eu creio nós cremos*, 2004, p. 338.

[5] Cf. COMBLIN, *O homem renovado*, 1991, p. 20.

[6] Cf. RAHNER, *Curso fundamental da fé*, 2008, p. 464.

[7] Referimo-nos à "Ação Católica Especializada", fundada por J. Cardjin na Bélgica, em 1922, e oficializada em 1925, que estimulou muito a ação dos cristãos na primeira metade do século XX. Para Brighenti, essa versão franco-belga trouxe a consciência da necessidade de o cristão agir e inserir-se na história como uma presença crítica em todos os espaços e evidenciou a ação da Igreja sobre o mundo. Contudo, esta inserção acontece ainda aos moldes da cristandade, ou seja, de cima para baixo (cf. BRIGHENTI, Agenor. *A Ação Católica e o novo lugar na Igreja e na sociedade*. In: http://ordosocialis.de/pdf/Brig henti/A Acao Catolica e Sociedade.pdf> Acesso em 30 abr. 2015, p. 1-10.

[8] Cf. COMBLIN, *O Espírito Santo e a tradição de Jesus*, 2012, p. 43.

sar uma formação fechada em conceitos abstratos e sem sentido para a vida, podendo criar uma fé passiva. Jesus interpretou sua experiência relacional com o Pai na realidade concreta da Palestina e sempre agiu a partir da perspectiva dos pobres (cf. Lc 6,20). Ele ensinou isso aos discípulos, mostrando a necessidade de agirem de modo dialogal e realista, viabilizando manifestar o Reino de Deus em todas as situações e lugares desde suas atitudes (cf. AA 31).

A necessária dimensão teológica do discípulo

Dissemos acima que a formação do discípulo precisa de teoria, mas não pode ficar isolada somente em conceitos abstratos e dogmáticos. Contudo, a dogmática e os conceitos auxiliam no momento em que se relaciona a fé com a realidade. Assim, um modo de fazer tal relação de maneira coerente, sem perder nenhuma dimensão, é assimilar uma teologia que auxilie a elaborar a leitura da realidade e, ao mesmo tempo, conduza ao planejamento da ação. Talvez essa seja a razão pela qual o Vaticano II optou pelo método ver, julgar e agir. A Conferência de Aparecida certifica isso ao observar que uma formação fraca, sem ardor e sem novos métodos, promove uma evangelização fraca (cf. DAp 100d). Formar é evangelizar e evangelizar é viver o processo de concretizar o anúncio querigmático na vida desde uma instrução integral (cf. Med 3, 10d; DAp 279). A nosso ver, uma formação com método, ardor missionário e que tenha uma teologia suficiente precisa orientar-se para a totalidade dos ministérios.

Nessa mesma ótica, na década de 1960, Comblin propôs uma teologia *"para"* o laicato, tentando valorizar a totalidade dos ministérios pela superação da teologia *"do"* laicato, sistematizada pelo teólogo dominicano Yves Congar[9]. Em sua reflexão, ele sugere

---

[9] Referimo-nos a Yves Congar e sua grandiosa obra *Jalons pour une théologie du laïcat*, publicada em 1954 na Europa e traduzida em português pela Herder: CONGAR, Yves M. J. *Os leigos na Igreja:* escalões para uma teologia do laicato. São Paulo: Herder, 1966.

uma formação teológica fácil de ser entendida[10]. Ao que parece, Congar refletiu sobre o leigo, mas ficou preso à definição teológica, sem a preocupação de ajudá-lo a agir missionariamente. Mais tarde, em seu livro: *Ministères e Communion éclesiale*, ele mudou sua concepção, explicando que num primeiro momento da reflexão, ele utilizou-se de uma dupla sacerdócio-leigos, mas o correto seria ter empregado a dupla: ministério-comunidade[11]. Com isso, esse autor reconhece que todos os ministérios são iguais em dignidade na ação missionária e não admitir isso é contribuir para com a precariedade da formação para os leigos na Igreja, como afirma Comblin.

> Para os leigos, não há formação cristã depois dessa idade [14 e 15 anos]. Partem na vida levando conhecimentos religiosos de época muito distante deles. A catequese prepara-os para viver no século XVI, mas não no século XXI. [...] Esta situação é aquela que se acha no mundo urbano e em muitas partes da zona rural onde o urbano já penetra[12].

Assim, elaborar a formação missionário-evangelizadora do leigo consiste em orientar a formação para os ministérios, possibilitando que cada ministro tenha uma visão teológica com senso crítico, que observe melhor os sinais de Deus no mundo e aja pelo "espírito da época". Quanto melhor relacionar a fé com a vida, mais capacidade terá de ouvir a opinião pública, esclarecer o que ouve e partilhar com os outros aquilo que experimenta em sua fé. A instrução teológica agregada à ação e à vida concreta auxilia a purificar a imagem de Deus, pois relaciona a Escritura Sagrada com a realidade, capacita a interrogar o que crê a partir do mundo e a iluminar a reflexão sobre a fé com a proposta do Evangelho. Isso auxilia o discípulo a não ter uma fé ingênua, nem a ser objeto de manipulação nas mãos de pessoas mal-intencionadas. Desse modo, o ministro poderá de-

---

[10] Cf. COMBLIN, Teologia da ação, 1967, p. 126.

[11] CONGAR, Yves. *Ministères et communion ecclesiéale*. Paris: Les Éditions du Cerf, 1971, p. 17.

[12] COMBLIN, *O Espírito Santo e a tradição de Jesus*, 2012, p. 38.

senvolver com mais integridade a dimensão fraterna e solidária, manifestando o Reino de Deus com mais perspicácia.

A formação teológica é importante também porque auxilia os ministérios a viverem melhor a dimensão do sagrado, que é importantíssima em razão da necessária relação com o transcendente. Como Rudolfo Otto, entendemos que o sagrado é um sentimento humano, quase sempre denominado pela linguagem[13]. Portanto, o sagrado não é o transcendente, mas sim a porta aberta para o divino. Essa porta mostra que o ser humano também está envolto pelas perguntas fundamentais sobre o sentido da existência e da morte, que são elementos de cunho transcendente. Devido a isso, os símbolos, ritos e as Palavras utilizados pelo cristianismo são portas abertas para Deus. Entretanto, nos tempos atuais, o progresso das ciências e da técnica fez o pensamento avançar e trouxe um novo sentido de sagrado. A modernidade tentou ressignificar isso, afirmando, pela razão objetivista, analítica e instrumental, que a resposta estava na racionalidade. Contudo, as perguntas sobre as questões fundamentais do ser humano ainda permanecem no mistério. Como o ser humano tende ao transcendente, essa proposta da modernidade leva a pessoa a buscar suas respostas existenciais numa religiosidade emocional, basicamente isolada nas vias individuais, induzindo-a a pensar que crer consiste única e simplesmente em resolver os problemas pessoais, aliviar o estresse, etc.

O sagrado influi na afetividade, mas debandar para o emocionalismo ou o fanatismo é desconstruir qualquer possibilidade de agir ministerialmente. Para Jesus, o sagrado está na conexão da pessoa com a Trindade Santa, que se dá pela vivência dos valores do Evangelho nas relações humanas marcada pelo amor. Quando a formação teológica esclarece aos ministros que o sagrado proposto por Jesus auxilia na reconstrução comunitária, ecoando de modo concreto na vida da pessoa, então a teologia será para o discipulado e a tendência será agir inteirado com o transcendente e expor de modo concreto sua potencialidade criativa, a fim de construir projetos pastorais comuns, comungando ideais e buscando novas possibilidades.

---

[13] Citado por NUNES, Antônio Vidal. Religação e religião em Xavier Zubiri. In: ROSA, Wanderley Pereira da; RIBEIRO, Osvaldo Luiz. *Religião e sociedade (pós) secular*. Santo André: Academia Cristã, 2014, p. 9-34, p. 12-13.

O planejamento das ações missionário-pastorais

É indubitável que o Espírito age em tudo e em todos, mas para que essa ação não seja aleatória, o discípulo missionário – leigo ou ordenado – tem o Evangelho como ponto referencial e o planejamento como ferramenta crucial para não se perder nessa dinâmica. Embora o Espírito seja o mesmo e o Evangelho nunca mude, nenhum planejamento é igual ao outro, pois os contextos e as necessidades comunitárias diferem. Sem planejamento a ação pode ficar carente do Evangelho e de organização, podendo cair no abstratismo, no ativismo ou ainda no emocionalismo. O planejamento da ação ministerial deve contar com a força do Espírito e com o Evangelho, caso contrário, pode ficar extremamente técnico. Brighenti afirma que o planejamento é um instrumento capaz de desencadear processos de ação, concatenar os passos desse processo e tornar os discípulos protagonistas de mudança, possibilitando à Igreja um potencial profético e transformador no presente e no futuro[14]. Por isso, a formação para o discipulado não pode prescindir dele.

Formar os ministros para o discipulado, de modo que planejem suas ações de maneira missionário-pastoral e de cunho querigmático, é aumentar o potencial da ação em cada contexto[15]. Portanto, a formação em vista do planejamento deve auxiliar o discípulo a observar o cenário, a interpretar o que foi observado, a esclarecer o que deve ser feito, a escolher o modo de agir e a estabelecer metas. Esses são os passos decisivos do processo. Tudo precisa ser feito de modo que todos participem, caso contrário, a ação será unilateral, uniforme e distante do sagrado[16]. A

---

[14] Cf. BRIGHENTI, Agenor. *Reconstruindo a esperança*: como planejar a ação da Igreja em tempos de mudança. São Paulo: Paulus, 2000, p. 7.

[15] COMBLIN, José. *Os sinais dos tempos e a evangelização*. São Paulo: Duas cidades, 1968, p. 52.

[16] Referimo-nos aos métodos missionários que se tornaram sagrados na Igreja. Lembramos que muitas Congregações, tidas como missionárias, defendem seus métodos a qualquer custo. Não negamos que existem métodos missionários que ainda respondem à ação evangelizadora, porém, há muitos métodos utilizados há mais de cinquenta anos que não possibilitam mais a evangelização. Justifica-se o

participação de todos na elaboração do planejamento abre os horizontes da ação. Além de participativo, o planejamento precisa ser reflexivo: refletir a ação para retornar à ação. Assim, a base do planejamento é a ação-reflexão-ação. Essa dinâmica auxilia a olhar a realidade de modo mais profundo e a julgá-la teologicamente à luz da Palavra. O limite desse tipo de planejamento é o perigo do militantismo, ou seja, do ativismo. Como dissemos, a simpatia do Concílio Vaticano II ao método ver, julgar e agir, da Ação Católica (cf. GS 4; 11), dá-se porque tal método preza pelas ações conjuntas, reflexivas e capazes de auxiliar a evangelização como um todo, coincidindo com a perspectiva de Igreja como povo de Deus e com a totalidade dos ministérios.

Embora Bauman diga que a sociedade líquida e fluida não admite planejar ações a longo prazo, pois as estruturas sociais atuais estão fragmentadas[17], pensamos que pastoralmente é preciso pensar a curto, médio e longo prazo, pois a proposta do Evangelho é uma sociedade de amor, cujo objetivo final é a plenitude do Reino. Essa sociedade deve ser construída desde agora, pensando no futuro e isso exige um processo a ser vivido em situações sociais estáveis e conflituosas. Pode ser que o planejamento pastoral precise ser pensado a curto prazo, como sugere Bauman, mas ele deve almejar resultados a longo prazo, visto que é preciso privilegiar o processo. Assim, tudo que envolve o processo tem a ver com o planejamento, auxilia na formação do discípulo, deve ter o Evangelho como foco e precisa ser pensado de modo racional[18].

A flexibilidade do planejamento, a continuidade do processo e o foco no Evangelho equilibram a maneira de agir e impedem o radicalismo, o relativismo e o laxismo. Tudo pode ser pensado de modo flexível, mas sem perder a pluralidade e a heterogeneidade. Fica claro, portanto, que a realidade fluída não inviabiliza planejar a curto, médio e longo prazo, entretanto, não aceita a prática de se

---

uso de métodos caducos por conseguir reunir pessoas. No entanto, dificilmente se questiona se os mesmos ainda evangelizam.

[17] Cf. BAUMAN, *Tempos líquidos*, 2007, p. 9.

[18] Cf. BRIGHENTI, Agenor. *A pastoral dá o que pensar:* a inteligência da prática transformadora da fé. São Paulo: Paulinas, 2006, p. 209-210.

transplantar métodos, em razão do risco de invalidar o processo. Nesse sentido, a formação para um planejamento flexível tende a aprimorar o diálogo e a compreender melhor as situações e condições contextuais em termos de evangelização[19]. Para Brighenti, "ninguém age sem planejar. Não existe o *nada* planejado, como também não há o planejamento total. Sempre haverá o imprevisto"[20]. Sob tal afirmação, o planejamento requer flexibilidade e improvisações, mas também requer atenção para não ser ilusório. A nosso ver, tanto a improvisação quanto a flexibilidade e a utilização de métodos são parte da formação do discípulo, pois contribuem para que o processo não fique engessado e esteja conectado à realidade. Contudo, o planejamento deve superar o improviso pela reflexão da ação, tornando-a cada vez mais realista e coerente com o Evangelho.

Discípulos missionários de Jesus para uma Igreja dinâmica

Os bispos da Conferência de Aparecida refletem que, se o sistema paroquial for conduzido pela Palavra de Deus, viver a Eucaristia com intensidade e valorizar o discipulado de Jesus, proverá uma Igreja dinâmica (cf. DAp 174). Afirmam ainda que a formação do discípulo de Jesus é um processo integral, permanente e dinâmico, cuja tarefa principal é proporcionar o encontro com Cristo, instruindo para o serviço segundo as exigências da história (cf. DAp 279). Tais afirmações dão a entender que o Evangelho de Cristo, a Eucaristia e a ação de todos desde a realidade perfazem o centro da missionariedade, e que se a formação para o discipulado prezar por esses elementos, a Igreja será muito mais dinâmica. Sobre isso, o Concílio Vaticano II aconselha uma ação evangelizadora total, quando diz: "os leigos são especialmente chamados a tornarem a

---

[19] Entendemos por sinais dos tempos a conjuntura na qual o povo de Deus vive. Eles são o resultado dos desenvolvimentos pelo qual a humanidade passa.

[20] Cf. BRIGHENTI, Agenor. *Metodologia para um processo de planejamento participativo*. São Paulo: Paulinas, 1988, p. 9.

Igreja presente e ativa naqueles locais e circunstâncias em que só por meio deles ela pode ser o sal da terra" (LG 33). O Concílio convida os leigos a serem sal da terra porque supõe que os ministros ordenados já o são, desde seu ministério. No entanto, os bispos da Conferência de Aparecida revelam algumas dificuldades que os presbíteros enfrentam na atualidade, em especial no que diz respeito a muitos estarem afetados pelas condições da realidade atual (cf. DAp 192), pela má distribuição geográfica de presbíteros em toda a América Latina, sendo que comunidades inteiras ficam vários anos sem a presença de um sacerdote (cf. DAp 197), pelo número elevado e preocupante de padres que deixam o sacerdócio (cf. DAp 200), pela necessidade de se repensar a formação pastoral dos presbíteros, em especial no quesito sobre a conversão para novas atitudes pastorais (cf. DAp 291; 366). Ao que parece, a busca por maior dinamicidade eclesial depende de um processo que auxilie a refletir mais sobre tais dificuldades.

Leonardo Boff defende que a dinamicidade comunitária promovida pelas CEBs dá agilidade à Igreja, referência essa que nos vem dos primeiros séculos do cristianismo[21]. Para ele, a dinamicidade está na ação dos leigos promovida pelas CEBs, na qual se expandem as relações entre as pessoas desde a fé. No entanto, sem a ação ministerial dificilmente uma comunidade será dinâmica. O ministério concretiza a ação do Espírito na Igreja e, por isso, dinamiza a comunidade para que promova mais relações humanas. Assim, uma paróquia dinâmica requer comunidades cristãs que valorizem os ministérios eclesiais, tornando a Igreja ágil e presente nos contextos[22].

A ação ministerial depende de uma base concreta, de perspectiva horizontal, de contato direto com o mundo e de ações descentralizadas em suas estruturas[23]. Em outras palavras, uma co-

---

[21] BOFF, Leonardo. *Eclesiogênese*: a reinvenção da Igreja. Rio de Janeiro: Record, 2008, p. 86.

[22] Cf. COMBLIN, José. Comunidades Eclesiais e Pastoral Urbana. In: *Revista Eclesiástica Brasileira*, v. 30, n. 120, p. 783-828, dezembro de 1970, p. 785.

[23] Cf. idem. *A Igreja e sua missão no mundo*: breve curso de teologia tomo III. São Paulo: Paulinas, 1985, p. 40.

munidade toda ministerial necessariamente deixa o isolamento e sai de si mesma para não adoecer[24]. Quanto mais intensa é a ação ministerial *ad intra* e *ad extra*, mais saudável é a Igreja[25]. A ação ministerial vivida na comunidade e orientada pelo Evangelho, na força do Espírito, dinamiza a Igreja.

Para o Vaticano II, o Espírito santifica e conduz o povo de Deus "repartindo seus dons a cada um, como lhe apraz" (cf. LG 12). A dimensão carismática da fé é responsável pela participação de todos e através dela a Igreja sai da inércia, deixa de prezar somente pelas estruturas físico-hierárquicas e passa a valorizar os ministérios e a comunitariedade. Leonardo Boff diz que a estrutura crística significa abertura "à totalidade da realidade, como um nó de relações orientado em todas as direções"[26], mas tal estrutura só tem sentido pela dinamicidade eclesial, promovida pela ação do Espírito Santo, cujo fator principal é interagir com o ser humano, influenciando nas relações humano-comunitárias através da ação ministerial. Portanto, formar discípulos missionários de Jesus sem a presença do Espírito é comprometer a dinamicidade eclesial.

Por discípulos que evangelizem os mais necessitados

A ação missionária dos mendicantes do século XIII teve como têmpera a ação de frades pobres – franciscanos e dominicanos – que pregavam especialmente aos pobres[27]. Eram pobres evangelizando pobres numa evangelização simples. Nessa ótica, as Conferências de Medellín (cf. Med 14, 4-11), Puebla (cf. PB 1134-1165), Santo Domingo (cf. SD 178-181) e Aparecida (cf. DAp 396) afirmaram a opção preferencial pelos pobres e certificaram que os pobres têm

---

[24] Cf. LIMA, Luis Corrêa. Evangelii Gaudium: contribuições para as questões contemporâneas. In: AMADO, Joel Portela; FERNANDES, Leonardo Agostini (orgs.). *Evangelii Gaudium em questão*: aspectos bíblicos, teológicos e pastorais. São Paulo: Paulinas; Rio de Janeiro: Editora PUC-Rio, 2014, p. 245.

[25] Cf. COMBLIN, *O povo de Deus*, 2002, p. 151.

[26] BOFF, *Jesus Cristo libertador*, 1985, p. 186.

[27] Cf. COMBLIN, *A força da Palavra*, 1986, p. 164.

muito a ensinar à Igreja. Essa ideia não é nova, pois o tema central de Lucas – no Evangelho e nos Atos dos Apóstolos – é a libertação dos pobres[28]. Mas, essa opção não significa que somente os pobres precisam de evangelização. O paradoxo da sinagoga de Nazaré, onde Jesus proclama ser enviado para evangelizar os pobres não diz que ele veio para ser evangelizado por eles (cf. Lc 4,18). Obstante qualquer questionamento a respeito disso, é importante lembrar que a parcialidade de Jesus em relação aos pobres está relacionada à situação de que a pobreza explicita o antirreino e mostra a carência da ação evangelizadora, tanto no meio dos pobres quanto nos que não são pobres. A pobreza condiz com a falta de partilha e de solidariedade, mostrando onde o Reino precisa ser manifestado e a evangelização precisa ser concretizada. Em si, o pobre precisa ser prezado em sua dignidade, mas quem não é pobre precisa aprender a valorizar a solidariedade, a igualdade e a fraternidade. Os pobres ensinam. Por exemplo, o episódio da viúva pobre que fez sua oferta no templo chamou a atenção de Jesus pelo gesto de imensa caridade (cf. Mc 12,41-44; Lc 21,1-4). Ali, Jesus se deixou interpelar pelo testemunho da viúva, mostrando que ele aprende com os pobres, ao mesmo tempo que os cura, os perdoa e os liberta dos demônios. No entanto, a relação de Jesus com Zaqueu mostra um rico que aprende com a pobreza de Jesus: "Zaqueu, de pé, diz ao Senhor: Senhor, eis que dou metade dos meus bens aos pobres, e se defraudei alguém, restituo-lhe o quádruplo" (Lc 19,8).

Esse eixo programático de Jesus em prol dos mais necessitados transmite a noção de uma Igreja evangelizadora e evangelizada pelos pobres, sugerindo que os discípulos sejam simples, abertos e humildes em sua ação evangelizadora. A Conferência de Medellín especifica que uma Igreja simples, preocupada com os pobres condiz com uma fé simples e em contato com a vida, tornando-se capaz de contradizer as situações de antirreino, explicitadas pela pobreza e pelos sinais da falta de solidariedade da sociedade atual (cf. Med 14,10).

Esses cinco elementos apresentados acima nos auxiliam a entender que a formação do discípulo missionário de Jesus requer

---

[28] Cf. ibidem, p. 59.

uma reflexão teológica que leve em conta a relação entre a fé e a vida e que obedeça a um processo de planejamento cuja índole leve em conta a participação de todos, para uma Igreja mais dinâmica e uma ação solidária de modo a recuperar a dignidade dos que sofrem desprezo. Em si, uma formação que prepare cristãos comprometidos com os direitos humanos, que vivam em comunidade e que sejam capazes de transformar as relações humanas desde a fé que professam e testemunham.

6

A AÇÃO EVANGELIZADORA DO DISCÍPULO MISSIONÁRIO DE JESUS

As reflexões que indicam a liquidez da sociedade atual fazem entender que o ser humano contemporâneo aprendeu a mudar constantemente. Mudar de ideia, de conceitos, de princípios, de projetos, de profissão, de religião, de companheiro e de cidade significa viver na imprevisibilidade. Tal mobilidade mostra que o pensamento racional, bem expresso pela modernidade, tem cedido espaço para a subjetividade, que conjuga uma condição interior cinética cuja perspectiva religiosa se torna espiritualizante, em razão de não haver uma espiritualidade permanente e sim móvel ou adaptável. Esse tipo de religiosidade gera movimentos espirituais alternativos, congregando fiéis que buscam bem-estar individualizado e gerido pelas emoções. Segundo a ótica de Comblin, esse tipo de religiosidade não condiz com a evangelização porque evangelizar tem três graus: "Evangelizar é anunciar os evangelhos; os evangelhos anunciam Jesus Cristo; Jesus Cristo anuncia o advento do Reino do Pai, que é vida e liberdade para as criaturas humanas"[1]. A fé em Jesus não condiz com variações espirituais porque está bem alicerçada no anúncio de um projeto bem determinado e que deve ser sustentado pelo enfrentamento dos desafios à luz do Evangelho. Ao ser aplicado às diversas situações da vida, o Evangelho pode responder às mais diversas condições. Deus age em seu Espírito e auxilia a pessoa que se abre a ele a agir no mundo, encontrando suas próprias respostas, nas mais diversas situações.

Nesse sentido, evangelizar é auxiliar a pessoa a tornar concreta e existencial a fé em Jesus anunciada pelo querigma, de modo

---
[1] Idem, *Evangelizar*, 2010, p. 5.

que influa em todas as situações da sua vida. Evangelizar é auxiliar a pessoa a reinventar sua vida à luz do Evangelho[2], aplicando isso às mais diversas condições e contextos. Há na Igreja muitos leigos e leigas que agem em nome da fé e, na maioria das vezes, não sabem que sua ação é ministerial e nem percebem que isso as legitima como discípulos missionários de Jesus. Por outro lado, há uma grande parte dos católicos que pensam viver sua fé de modo exemplar, mas são passivos em sua ação e vivem uma espiritualidade intimista, a partir de preceitos, distante da proposta do Evangelho, em especial no que se refere ao mandato do evangelho de Mateus (cf. Mt 28,19-20). Isso suscita a questão sobre como instruir e conduzir tais pessoas para agir ministerialmente e de modo comprometido, rumando para a vivência do discipulado de Jesus.

Rahner considera que o leigo pode viver melhor "seu apostolado, partindo de qualquer situação que seja, na profissão, no matrimônio, na sociedade"[3]. Isso certifica que toda pessoa pode ser discípula missionária de Jesus, agindo coerentemente a seu apostolado através de um ministério.

A ação evangelizadora na Igreja do Brasil em relação ao discipulado

No início da década de 1960, a Igreja no Brasil quis aperfeiçoar a ação evangelizadora de todos criando o "Plano de Emergência"[4]. O objetivo era despertar os leigos e os ministros ordenados para a

---

[2] COMBLIN, *Evangelizar*, 2010, p. 7.

[3] RAHNER, *Missão e graça I*, 1965, p. 176.

[4] Cf. CNBB. *Plano de Emergência para a Igreja do Brasil*: Documentos da CNBB 76. São Paulo: Paulinas, 2004. Em dezembro de 1961, o papa João XXIII escreveu ao CELAM e pediu aos episcopados da América Latina que elaborassem planos de pastoral para atenderem às especiais condições da Igreja no Continente. Nessa época, o Concílio Vaticano II já havia sido convocado. A CNBB, na sua V Assembleia Geral ordinária, de 2 a 5 de abril de 1962, acolheu o pedido do papa, passando a discutir e encaminhar as linhas do Plano de Emergência, pronto em 25 de setembro de 1962. Foi o primeiro documento de planejamento pastoral para todo o Brasil elaborado pela CNBB.

ação e para a responsabilidade de evangelizar (cf. PE 1962, p. 22; 31-33; 38). Mais tarde, a CNBB publicou o Plano Pastoral de Conjunto – 1966-1970 – motivando a suscitar comunidades de base para acolher, formar e enviar os leigos em missão (cf. PPC, 1966, p. 29)[5]. De certo modo, o Plano Pastoral valorizou a dimensão comunitário-evangelizadora prezando pela interação entre todos[6]. O Plano Pastoral está fundamentado particularmente na *Lumen Gentium*[7] e reflete sobre a Igreja desde sua ação evangelizadora, em relação direta com o mundo. Contudo, ali não há referência sobre o método de ação, senão à necessidade de planejamento da ação. Por essa razão, a partir da década de 1970 surgiram as diretrizes da ação evangelizadora das Igrejas particulares. Até 1994, elas eram chamadas de "Diretrizes Gerais da Ação Pastoral da Igreja no Brasil". A partir de 1995, passaram a ser denominadas "Diretrizes Gerais da Ação Evangelizadora da Igreja no Brasil". No início, utilizou-se bastante do conceito "pastoral" que, a partir de 1995, deu lugar ao conceito "evangelização". Tal mudança ficou muito formal, pois o conceito "evangelização" foi amplamente destacado na Conferência Episcopal Latino-americana de Santo Domingo (1992) pela ótica da *nova evangelização*, cujo intento do Papa João Paulo II era preparar o grande jubileu do ano 2000.

Tanto o Plano de Emergência quanto as Diretrizes de Ação Pastoral contemplam a ação dos leigos de modo intenso[8], mas nenhum nem outro define o sujeito dessa ação. Se a ação evangelizadora é uma necessidade eclesial e se as comunidades e os

---

[5] Tal Plano não comenta sobre criar novas paróquias, mas em descentralizá-las para suscitar e dinamizar, dentro do território paroquial, comunidades de base, que seriam como as capelas rurais, onde todos se sintam acolhidos e responsáveis. Um modo de renovar a paróquia. Ver: CNBB. *Plano Pastoral de Conjunto 1966-1970*. <http://www.cnbb.org.br/site/component/docman/docview/140-77-plano-de-pastoral-de conjunto-1966-1970>. Acesso em 24 de jun. 2015.

[6] Cf. COMBLIN, O conceito de comunidade e a teologia. In: *Revista Eclesiástica Brasileira*, v. 30, n. 118, junho de 1970, p. 282.

[7] A Constituição dogmática *Lumen Gentium* foi promulgada pelo Papa Paulo VI no dia 21 de novembro de 1964.

[8] O Plano de Emergência tem 59 alusões ao termo "leigo" e as diretrizes pastorais 1974-1978 refere-se 84 vezes a esse termo.

ministérios são importantes para a dinamicidade da ação missionário-evangelizadora, então o discípulo missionário de Jesus é elemento primordial da ação eclesial, pois sem ele não há comunidades eclesiais nem ministérios que a dinamizem. A nosso ver, suscitar o discipulado entre os cristãos requer evangelizar focando o Evangelho, a partir dos três elementos teológicos apontados pelo apóstolo Paulo, a saber: fé, esperança e caridade (cf. 1Cor 13,13)[9].

A esperança e o discípulo de Jesus na ação evangelizadora

A primeira carta a Timóteo diz que Jesus é nossa esperança (cf. 1Tm 1,1). Nessa ideia, a pessoa que ouve o querigma e que almeja viver intensamente o discipulado missionário de Jesus age esperando o cumprimento das promessas divinas. Cristo é a esperança porque ele indica o caminho a ser seguido enquanto as promessas vão se realizando e revela que a força dos que evangelizam vem do Espírito. A esperança do cristão não é passiva, mas sim ativa, pois a realização das promessas depende de se viver a proposta do Evangelho para manifestar o Reino de Deus. Jesus despertou essa esperança nos pobres ao mostrar que Deus age de várias maneiras (cf. Mt 3,2; 4,17; 5,3.10; 10,7; 12,28; Lc 6,20; 10,9). Pensada assim, a esperança não é uma condição inerte, mas ela provoca mudanças, pois a fé na realização das promessas desde agora motiva a agir para mudar a realidade, na certeza de edificar um mundo melhor e diferente.

A esperança cristã remete à ressurreição e certifica que a morte não é o fim de tudo, mas sim o início de uma vida ainda maior. Por isso, agir pela fé desde agora certifica a fé na ressurreição e auxilia na superação das incertezas e falta de sentido que acompanham o ser humano atual. Centrado na esperança, a ação evangelizadora do discípulo deve mostrar que a espera em Cristo é uma aspira-

---

[9] Comblin reflete essas três características na seguinte obra: Idem. *O caminho*: ensaio sobre o seguimento de Jesus. São Paulo: Paulus, 2004.

ção inquieta e transformadora[10]. Os evangelhos mostram que para Jesus todas as promessas de Deus convergem para o Reino e a esperança promove a busca dessa possibilidade real e concreta. Mesmo que a Conferência de Aparecida não defina a esperança, ali se diz que o Espírito renova nossa alegria e nossa esperança (cf. DAp 362). A esperança, portanto, é um elemento da evangelização porque leva a confiar na promessa da plenitude do Reino anunciado pelo querigma.

A importância da esperança para a ação evangelizadora do discípulo

A missão é o momento pontual do anúncio do querigma. A evangelização é o processo pelo qual esse anúncio se concretiza na vida da pessoa. O objetivo do anúncio querigmático é despertar a pessoa para a força do Espírito que habita nela e a evangelização é auxiliar esse despertar a tornar-se prática desde a fé. Ao agir na força do Espírito, a pessoa espera adentrar numa vida melhor, tendo uma nova perspectiva. Em outras palavras, a evangelização concretiza a esperança. Por essa razão, o apóstolo Paulo diz que a esperança é um importante objeto no anúncio da salvação: "Pois nossa salvação é objeto de esperança; [...] é na perseverança que o aguardamos" (Rm 8,25-26). Evangelizar, portanto, consiste em auxiliar a pessoa a entender que a força do Espírito age nela, que sua vida não acaba neste mundo e que o Reino de Deus será pleno no futuro, mas que deve ser manifestado desde agora. Isso encoraja a edificar passos novos, no sentido de que uma pessoa que espera por algo melhor age com coragem e liberdade[11]. O ser humano que espera por algo avança, pois "sua marcha para o futuro é um constante esforço para diminuir suas próprias alienações internas e externas, bem como a distância entre o que ele é e o que deve ser"[12]. Desse modo, a evan-

---

[10] Cf. idem. *A maior esperança*. Petrópolis: vozes, 1970, p. 19.

[11] Cf. MOLTMANN, *A fonte da vida*, 2002, p. 33.

[12] Cf. RAHNER, *Curso fundamental da fé*, 2008, p. 350.

gelização que tem como elemento a esperança não fala de um futuro pré-determinado, mas sim de um futuro a ser construído desde o presente, orientado pelo Evangelho. Se Deus já traçou o futuro, então não há nada o que construir, basta apenas esperar passivamente, numa dimensão determinista, contradizendo a interação da força humana com a força divina.

Sobre isso, Comblin dispõe a esperança antes da fé e argumenta que a fé nasce da esperança de se viver algo novo[13]. Nessa condição, o anúncio do querigma desperta a pessoa na força do Espírito e ela adquire forças para esperar uma vida nova, possibilitando dizer que ela assumiu a fé. No entanto, a teologia paulina geralmente é lida como se a esperança estivesse disposta entre a fé e a caridade. Inclusive, a primeira Carta aos Coríntios faz essa disposição (cf. 1Cor 13,13). Mas, numa leitura mais atenta, percebe-se que o apóstolo Paulo não radicalizou tal disposição. Por exemplo, na comunidade dos Gálatas, situada na Ásia Menor, que tinha um contato direto com a filosofia grega, a liberdade significava aderir a uma forma democrática de vida pela *pólis*, em que a liberdade de ação e a decisão da pessoa eram tomados como direitos centrais. Nessa situação, o apóstolo Paulo sabia que o Evangelho só poderia ser anunciado se houvesse uma esperança em ser livre de outro modo[14]. Com isso, o anúncio do querigma a essa comunidade partiu da esperança de ser livre pela fé. Na realidade da pobreza acontece o mesmo, pois os pobres vivem somente da esperança de serem livres da pobreza e daquilo que os oprimem. Outrossim, mesmo que a *Gaudium et Spes* não coloque a esperança antes da fé, o Vaticano II entende que ter algo para esperar motiva a crer em Cristo, confirmando que a fé nasce da espera por algo novo, tornando a esperança o motor da fé (cf. GS 21). Aceitar que a fé promove uma vida nova e alternativa, num mundo conturbado e líquido, depende de se anunciar que vale a pena esperar por isso, agindo desde agora. Ao que parece, se a esperança vier antes da fé, é possível quebrar o esquema racionalista da filosofia grega, mostrando que a fé nasce no momento

---

[13] Cf. idem, *O caminho*, 2005, p. 13-75.

[14] Cf. PATTE, Daniel. *Paul, sa foi et la puissance de l'evangile*. Paris: Les Éditions du Cerf, 1985, p. 34.

em que a pessoa passa a esperar a realização das promessas que o Evangelho anuncia e a agir a partir disso[15].

Disposta antes da fé, a esperança expressa no anúncio do querigma desperta a pessoa para o novo e pode fazê-la agir nessa perspectiva, fazendo com que a fé seja algo vivencial e existencial desde o presente para o futuro. A primeira Carta aos Coríntios dispõe a esperança entre a fé e a caridade, de modo que a esperança liga a fé com a caridade (cf. 1Cor 13). Nesse sentido, a esperança auxilia a suscitar a fé e a produzir obras de caridade, porque a fé depende de algo pelo qual se deva esperar e agir. Sem esperar por algo, a pessoa pode ficar isolada no intimismo e no emocionalismo, sem nutrir ou mover a fé. É observável que "o cristianismo é uma religião de fundo escatológico [e que] tem as vistas voltadas para o futuro"[16]. Agir para um futuro melhor só é possível quando se crê em algo. No sentido cristão, agir pela fé só é possível quando se crê na esperança do Reino almejado e buscado. Com isso, dispor a esperança antes da fé é pensá-la como ponto referencial do anúncio do Evangelho. Mendonza-Alvares afirma que "viver com esperança esta hora incerta do colapso dos sonhos modernos é um desafio crucial para todos os habitantes da aldeia global"[17]. Isso mostra a necessidade de se valorizar a esperança para que a fé em Cristo seja suscitada.

O discípulo evangeliza para despertar a esperança

O pensamento moderno deu à esperança uma faceta pouco religiosa, pois vários pensadores modernos pregam a esperança pela liberdade das estruturas institucionais. Ser livre é distanciar das instituições como o Estado e a Igreja. Tais ideias foram disse-

---

[15] Cf. COMBLIN, *O caminho*, 2005, p. 89-91.

[16] RAHNER, Karl. *A caminho do homem novo*: a fé cristã e ideologia terrenas do futuro. Petrópolis: Vozes, 1964, p. 3.

[17] MENDONZA-ÁLVARES, Carlos. *Deus ineffabilis*: uma teologia pós-moderna da revelação do fim dos tempos. São Paulo: É Realizações, 2016, p. 25.

minadas, de modo especial, pelo filósofo inglês John Locke e pelo economista escocês Adam Smith, que pensavam recriar a sociedade longe das forças institucionais[18]. Sobre a institucionalidade religiosa, Locke escreveu:

> Considero a igreja como uma sociedade livre e voluntária. Ninguém nasceu membro de uma igreja qualquer; caso contrário, a religião de um homem, juntamente com sua propriedade, lhes seriam transmitidas pela lei de herança de seu pai e de seus antepassados. Ninguém está subordinado por natureza a nenhuma igreja ou designado a qualquer seita, mas une-se voluntariamente à sociedade na qual acredita ter encontrado a verdadeira religião e forma de culto aceitável por Deus[19].

Sendo castradora da liberdade e obstáculo para o progresso, a institucionalidade religiosa é vista de modo pessimista. A antropologia moderna ocidental, de índole racionalista, representada por Descartes, John Locke e Imannuel Kant, pensa a liberdade do ser humano como "ser dono do seu próprio destino"[20]. A Igreja parece que não soube confrontar esse pensamento moderno de modo perspicaz, pois, não conseguiu mostrar que as estruturas institucionais são importantes para organizar a vida e que a liberdade pela fé consiste em optar de modo livre por uma vida alternativa. O discurso eclesial não explicou que a fé suscita a esperança num mundo melhor e que isso gera a liberdade, até mesmo em situações de estruturas escravizadoras. A Igreja tinha argumentos suficientes para isso, pois a Bíblia deixa bem claro, na pessoa do profeta Sofonias, que os pobres, por exemplo, têm uma força própria capaz de transformar a situação caótica em que vivem, observando que uma situação de sofrimento também reacende a esperança por mudanças, motivando-os a se libertarem de uma condição de

---

[18] Cf. COMBLIN, *O caminho*, 2005, p. 18.

[19] LOCKE, John. *Carta Acerca da Tolerância*. São Paulo: Abril cultural, 1978.

[20] Cf. ZILLES, Urbano. *Antropologia teológica*. São Paulo: Paulus, 2011, p. 53-54.

opressão[21]. A pobreza e o sofrimento podem criar a esperança e suscitar a fé, que leva a uma força para transformar a vida em algo diferente. Assim, de uma situação que poderia exterminar a própria esperança, pode-se suscitar a fé. Isso explica que não são as estruturas institucionais que tiram a liberdade, como aponta John Locke, mas sim o modo de o ser humano lidar com elas.

Em uma nova leitura da escatologia, Moltmann observa que as promessas divinas são motivo de esperança e de liberdade porque o "ser humano alcançado pela revelação de Deus na promessa [...] 'entra em si mesmo', mas em esperança"[22]. As promessas divinas suscitam a esperança de uma vida diferente que atinge o interlocutor em sua vida e ações[23]. As promessas de Deus, nas quais a fé se enraíza, criam um ambiente de esperança porque suscitam a espera por uma vida melhor. O diálogo de Deus com Moisés, no episódio da "sarça ardente", mostra a promessa divina de libertação do povo para uma terra "boa e vasta, terra que mana leite e mel..." (Êx 3,8). Tal promessa deu ao ambiente de escravidão a esperança por uma vida nova e levou o povo a rumar para a Terra Prometida, buscando a possibilidade de um outro modo de viver. Jesus promete diversas vezes o Espírito Santo aos discípulos, suscitando neles a esperança de que, com essa força, era possível enfrentar com coragem as possíveis dificuldades da missão (cf. Mt 10,20; Jo 14,17.26; 15,26; 16,13). John Mckenzie alega: "o tema da promessa é básico para os temas da fé e da esperança"[24]. Entretanto, a promessa se torna mais robusta com a presença da força do Espírito, anunciada aos discípulos (cf. Jo 14,26; 16,7.13). Tal força encoraja a anunciar o querigma e a dizer "não" à morte e às situações impeditivas de manifestar o Reino[25]. Ao abrir-se à for-

---

[21] Cf. BALANCIN, Euclides; STORNIOLO, Ivo. *O livro de Sofonias*: a esperança vem dos pobres. São Paulo: Paulinas, 1991, p. 19-20.

[22] Cf. MOLTMANN, *Trindade e Reino de Deus*, 2011, p. 210.

[23] Cf. idem. *Teologia da esperança*: estudos sobre os fundamentos e as consequências de uma escatologia cristã. São Paulo: Teológica/Loyola, 2005, p. 59-60.

[24] MCKENZIE, John. *Dicionário bíblico*. São Paulo: Paulinas, 1983, p. 748.

[25] BOFF, Leonardo. *O destino do homem e do mundo*. Petrópolis: Vozes, 1973, p. 22.

ça divina, o discípulo de Jesus assume uma nova vida, pois crê na capacidade de agir e de esperar em Deus. Quem espera em Deus já demonstra a força da fé, mira o futuro e diz "não" às situações de opressão.

A mensagem do Evangelho leva a agir com esperança e para a esperança diante das situações difíceis da vida. Ao evangelizar suscitando a esperança, o discípulo auxilia os interlocutores a olharem confiantemente para o futuro e a construírem um mundo melhor.

Evangelizar anunciando a mensagem de esperança do cristianismo

Para Comblin, "todo o Novo Testamento é uma proclamação de esperança, uma nova convocação à esperança de Israel, uma esperança que vai criar uma história estendida ao mundo inteiro"[26]. Tal afirmação denota que a esperança na plenitude do Reino de Deus pode transformar a realidade no presente porque a pessoa espera e age na força divina, em razão de desejar uma vida diferente. Jesus suscitou essa esperança quando falava, curava e acolhia as pessoas. Por isso, foi rapidamente identificado com o Messias prometido por Deus (cf. Mc 8,28; Lc 9,19). Ao agir assim, Jesus evidencia que todos podem ser protagonistas de uma vida nova. Vários episódios indicam o convite a esse protagonismo, como por exemplo: "Vai mostrar-te ao sacerdote" (Mt 8,4; Mc 1,44); "que queres que te faça" (Mc 10,51); "lançai vossas redes para a pesca" (Lc 5,4). A espera pelo Reino definitivo leva a agir no presente pelo bem, sabendo que assim ela age em conjunto com a força do Espírito.

No entanto, para que essa esperança seja despertada, os discípulos precisam mostrá-la em suas atitudes. Para tanto, o Papa Francisco aconselha a distanciar-se das profecias de desgraça (cf. EG 85). A CNBB aconselha a encarar os conflitos com fé, esperança e coragem (cf. DGAE 1995-1998, n. 12). A esperança se torna mais intensa quando a pessoa age em comunidade, pois as rela-

---

[26] COMBLIN, *O caminho*, 2005, p. 57.

ções humanas produzem o diálogo, unem as forças e possibilitam a busca por um futuro melhor.

Leonardo Boff diz que a crise da instituição eclesial atual não está na falta de ministros ordenados para atender às comunidades, mas sim na falta de os leigos agirem com mais intensidade na evangelização[27]. Assim, ao suscitar comunidades abertas a todos os ministérios, anunciadoras e promotoras da esperança na plenitude do Reino, cujo caráter são a fraternidade e a solidariedade, a Igreja evangeliza pela esperança. A opção da Igreja pelos pobres, feita nas Conferências latino-americanas, foi um convite concreto para a totalidade da ação eclesial: "a palavra refere-se aos pobres de duas maneiras: a palavra de Deus está presente no clamor dos pobres, por um lado; e, por outro lado, ela chama para fazer a opção pelos pobres"[28]. Essa ação, que se dá pelos ministérios, é tão importante que, nos primeiros séculos do cristianismo, o anúncio do Evangelho de Jesus foi feito por escravos, artesãos, jovens e crianças, sendo até ridicularizados, porque os missionários eram pessoas simples, consideradas de baixa condição[29]. No entanto, a liberdade de ação de todos dá esperança a um mundo que desconsidera a simplicidade e a pobreza como importantes. As promessas divinas dão aos cristãos elementos necessários para agir desde a esperança[30].

---

[27] Cf. BOFF, Leonardo. *Eclesiogênese*: as comunidades eclesiais de base reinventam a Igreja. Petrópolis: Vozes, 1977, p. 40.

[28] COMBLIN, *A força da Palavra*, 1986, p. 19.

[29] Celso foi um filósofo grego neoplatonista, opositor do Cristianismo do século II, cujo trabalho foi preservado por Orígenes, o teólogo alexandrino. Dizia que os cristãos não poderiam ser considerados naquilo que diziam, pois o cristianismo era expresso pela voz de escravos e escravas (cf. Ibidem, p. 85).

[30] Jacques Le Goff mostra que Francisco de Assis promoveu uma simples revolução no século XIII com seu projeto missionário da bem-aventurança da pobreza, louvor e admiração da criação. Francisco não expõe nenhuma utopia para uma sociedade perfeita, nenhuma espera milenarista. É simples e do mundo. Não tem vocação para governar, é apenas uma semente no meio de uma terra sedenta de Deus (cf. LE GOFF, Jacques. *Em busca da Idade* Média. Rio de Janeiro, 2012, p. 115).

A ação evangelizadora e a fé do discípulo missionário de Jesus

A fé, segundo elemento importante para a ação evangelizadora do discípulo de Jesus, não pode ser compreendida como simples aceitação de determinados dogmas. Ela é, antes de tudo, confiança no seguimento do Caminho de Jesus. No entanto, só é possível seguir esse Caminho quando a pessoa se encontrar com Jesus e agir a partir disso:

> A fé tem por objeto o próprio Jesus, Filho de Deus, que nos ilumina e nos mostra o caminho de esperança. A fé em Jesus Cristo nos convence que somos chamados, preparados, capacitados pela força do Espírito Santo para revelar ao mundo a nossa esperança, para conduzir a caminhada da Igreja no caminho estreito [...] para acreditar na chegada do Reino de Deus[31].

O encontro com Jesus é encontrar-se com a proposta do Evangelho. A fé é a resposta a essa proposta, que se configura no seguimento. Por isso, a fé é um ato de razão e requer elementos racionais para o seguimento, mas a fé não pode ser adquirida somente pelos esforços da inteligência. Nesse sentido, a fé não é uma simples dedução lógica, mas ela também depende do encontro com Deus. Se fosse irracional seria uma fé ingênua, mas se fosse somente racional, seria extremamente objetiva. A fé tanto está na abertura ao mistério quanto na elaboração racional. Ou seja, na fé cristã a subjetividade e a objetividade andam juntas. A carne, o sangue e a inteligência humana dão concretude ao que a pessoa crê, mas o transcendente leva o crente a ir para além da realidade: "Pois Deus disse: das trevas brilhará uma luz a qual brilhou em nosso coração para a iluminação do conhecimento da glória de Deus, no rosto de Cristo" (2Cor 4,6). Nesse sentido, a fé ultrapassa a razão, mas não abdica dela, pois ela não é produto autônomo de cada pessoa, e sim aprofundamento consciente do mistério re-

---

[31] COMBLIN, *O caminho*, 2005, p. 131.

velado por Cristo. Na fé, o ser humano encontra na razão as bases adequadas para ir além da própria razão, sem perder-se. Ele supera a razão, pois se dirige ao transcende, mas não abdica dela.

A fé e a liberdade do discípulo

Como dito acima, a fé cristã é simples e consiste em aderir de modo livre e racional ao Caminho de Jesus: "adotar o seu modo de viver e os seus ensinamentos, vendo nele a Palavra de Deus, o Messias anunciado"[32]. Crer em Cristo é confiar e aderir ao Caminho que ele propõe. É ouvir o Evangelho, orientar-se por ele e ter o Espírito Santo como principal força. Karl Rahner comenta que a fé é "algo de bem simples, que, uma vez realmente compreendido e experimentado já não o poderíamos imaginar ausente de nossa vida ou excluído de nosso pensamento"[33]. A simplicidade da fé está no caminho que se assume para ser livre "dos preconceitos, dos erros, das mentiras e falsificações"[34]. Isso acontece porque, desde a fé, a pessoa decide viver corajosamente pelo que crê: "não sou mais eu que vivo, mas é Cristo que vive em mim" (Gl 2,20). Quando a pessoa segue no Caminho de Cristo, ela mostra que Cristo vive nela e assim ela serve ao próximo através do ministério eclesial. Ser discípulo de Jesus é seguir o seu Caminho, viver o amor desde a fé, assumindo um ministério comunitário, convivendo com os outros, intensificando sua criatividade e vivendo suas diferenças com liberdade. Ao viver "em relação consciente e livre para com o todo"[35], o discípulo de Jesus convive com os outros, pois a fé cristã impele à alteridade.

Libanio lembra que o Evangelho desperta no ser humano o desejo de responder livremente na história aquilo que experimenta em seu interior. Na mesma ótica de Rahner, ele define que crer é a

---

[32] Ibidem, p. 79.

[33] RAHNER, *O desafio de ser cristão*, 1978, p. 35.

[34] COMBLIN, *O caminho*, 2005, p. 102.

[35] RAHNER, *Curso fundamental da fé*, 2008, p. 44.

resposta objetiva do ser humano ao apelo que lhe é feito subjetivamente[36]. Contudo, a fé não pode ficar presa à subjetividade, pois sendo resposta, a pessoa precisa praticar o que sentiu, fazendo a experiência de agir na força do Espírito. Libanio acrescenta que a "subjetividade não se move num conjunto infinito de possibilidades, mas dentro do espaço limitado da sociedade"[37]. Sem pôr em prática o que sentiu subjetivamente, o discípulo não evangeliza, mostrando que a força do Espírito ainda não age nele, pois ainda não é livre.

A fé em relação com a esperança de algo novo

Para o evangelista João, toda a ação de Jesus é a Palavra de Deus produzindo efeito no mundo (cf. Jo 1,1-17). Pela sua ação, Jesus mostra como o plano de Deus está em execução[38]. Na ação de evangelizar pelos ministérios, a pessoa mostra que Jesus age na história através dela, na força do Espírito. O evangelista João expressa diversas vezes que a Palavra de Jesus é divina, pois ele é Deus e todas as suas ações condizem com essa Palavra[39]. Portanto, ao agir pelo Evangelho, o cristão auxilia na execução da Palavra divina no mundo e, por sua vez, manifesta o Reino de Deus. Assim, viver no Caminho de Jesus é tomá-lo como "realidade total, onde está presente todo o destino do mundo, toda crise constitutiva da história do mundo"[40]. Viver o Evangelho de modo prático no mundo[41] significa suscitar a presença do Reino, mas ainda não

---

[36] LIBANIO, *Eu creio nós cremos*, 2004, p. 13-14.

[37] Ibidem, p. 111.

[38] Cf. MATEOS, Juan; BARRETO, Juan. *O evangelho de João*: análise, linguística e comentário exegético. São Paulo: Paulinas, 1989, p. 30; 44.

[39] Cf. MOLTMANN, Jürgen. *A Igreja no poder do Espírito*: uma contribuição à eclesiologia messiânica. Santo André: São Paulo, 2013, p. 105.

[40] COMBLIN, *Evangelizar*, 2010, p. 86.

[41] Cf. idem. *A fé no evangelho*. Petrópolis: vozes,1969, p. 8-9.

em plenitude[42]. O aceite dessa verdade preconiza assumir um novo sentido para viver. Por exemplo, a mulher que tocou no manto de Jesus, almejando ser curada, mostrou uma profunda esperança de cura, tendo um novo sentido para viver (cf. Lc 8,43-48). Ao anunciar o Reino de Deus, Jesus despertou em seus interlocutores a expectativa de um novo tempo. Eles creram porque passaram a esperar algo maior ainda. Nesse sentido, o anúncio do querigma desperta a fé quando, antes de tudo, se suscita a esperança de algo novo, levando à ação em prol de um mundo melhor[43].

A fé e a libertação do discípulo

Assumir um ministério, tornar-se um discipulado missionário de Jesus é ser chamado por Deus a algo específico, e a isso chamamos de vocação. "Vocação" vem do verbo latino *vocare*, que significa "chamar". Todos são chamados por Deus à vida, mas assumir um ministério é responder a esse chamado de modo livre. Se a fé é uma resposta, então o ministério é a expressão objetiva dessa resposta.

O Vaticano II entende que a fé começa com o despertar do "Espírito Santo, que move o coração e converte-o a Deus, abre os olhos da mente e dá 'a todos suavidade no consentir e crer na verdade'" (DV 5). Ao despertar da força do Espírito, a pessoa se sente livre para ajudar. Ao assumir um ministério de modo livre, ela adentra na fé, pois começa a seguir o Caminho, respondendo de modo prático. A força do Espírito impulsionada ao serviço gratuito, que se torna ministério, dando disposição para viver a fé em Cristo, que se torna o seu projeto de vida. Ao dizer que "no fundo da fé despertada por Jesus há uma fé básica, uma confiança no ser humano, em si mesmo, no seu valor, na sua razão de existir e na

---

[42] Cf. RAHNER, *Curso fundamental da fé*, 2008, p. 37.
[43] COMBLIN, *O caminho*, 2005, p. 96.

sua dignidade"[44], Comblin afirma que Deus toca primeiramente as forças naturais humanas e, quando a pessoa se abre, então Deus toca mais profundamente com a força do Espírito. Aberta, a pessoa age inteirada com ela. Nesta ótica, todos nascem dispostos a crer em algo, mas a relação com o Evangelho desperta uma força maior, que já habita na pessoa e renova suas capacidades humanas para agir com liberdade, pois o Espírito de Deus é liberdade. A liberdade potencializa a criatividade, pois libera a pessoa dos medos de assumir responsabilidades e agir, em razão desta crer que não age mais sozinha.

A "ação do Espírito é a ação do Deus que liberta"[45]. Dizer isso é constatar que o anúncio de Cristo conduz à fé[46]. Agir com fé é agir de modo racional, pois, segundo Leonardo Boff, a "fé não exime nem dispensa a razão"[47]. Ela precisa da razão para compreender as dimensões do presente e vislumbrar novas dimensões para o futuro. Ratzinger diz que a fé precisa da razão para responder a Deus de modo consciente e livre[48]. Logo, a resposta do discípulo a Deus é um ato de fé racional, que leva à consciência da responsabilidade e das possibilidades de ser livre. Na encíclica *Fides et Ratio*, o Papa João Paulo II insiste que a fé e a razão se aperfeiçoam mutuamente (cf. FR 49). No entanto, se, tanto a

---

[44] Ibidem, p. 94.

[45] Idem, *O tempo da ação*, 1982, p. 21.

[46] A ideologia toma as ideias como independentes da realidade histórica e social, buscando fazer com que estas expliquem aquela realidade, quando, de fato, é essa realidade que torna compreensíveis as ideias elaboradas e, por isso, tenta ocultar a realidade social. Desse modo, a ideologia é produzida pelas relações sociais e possui razões para surgir e se conservar. Não se trata de um amontoado de ideias, mas produção de ideias de uma classe social que tenta se fundamentar nas relações sociais. Para Marilena Chauí, a ideologia é originada em três momentos fundamentais. Primeiro, ela aparece como um conjunto sistemático de ideias de certa classe social. Segundo, ela se populariza pelo senso comum. Terceiro, ela se sedimenta e se interioriza como senso comum, mesmo que contrarie os interesses das outras classes (cf. CHAUI, Marilena. O que é ideologia. São Paulo: Brasiliense, 1985, p. 108-109).

[47] BOFF, *Jesus Cristo libertador*, 1985, p. 118; 176.

[48] Cf. RATZINGER, Joseph. *Fé e futuro*. Petrópolis: Vozes, 1971, p. 22.

razão quanto a fé ficarem presas ao subjetivismo, elas se tornam racionalismo e fideísmo. A razão é importante para compreender o despertar para a força do Espírito, mas o racionalismo, que radicaliza a razão, pode eliminar a possibilidade de fé, no sentido de que a pessoa não aceita nada que seja transcendente. A fé possibilita a liberdade de agir, pois "a liberdade está no agir para se libertar"[49], mas o fideísmo radicaliza a fé e elimina qualquer possibilidade de intelectualidade no crer, levando ao fundamentalismo. O discípulo missionário de Jesus vive sua fé em total relação com a realidade, precisando da intelectualidade, mas ele também precisa da relação transcendente para agir pela gratuidade e alteridade.

O Amor e o discípulo de Jesus na ação evangelizadora

O terceiro elemento importante para a ação evangelizadora do discípulo missionário de Jesus é o amor. Jean-Luc Marion observa que o amor é de difícil definição, pois a filosofia silencia sobre ele em razão de não ter palavras para falar dele, nem conceitos para pensá-lo[50]. No entanto, a teologia cristã contempla o amor com bastante ênfase. O Novo Testamento, por exemplo, expressa-se de modo abundante sobre isso. Inspirado nos escritos dos primeiros séculos, o Papa Bento XVI define o amor como *agape* e, na Encíclica *Deus Caritas est*, relaciona-o diretamente à *diakonia*, ou serviço ao próximo, dizendo: "a prática da caridade é um ato da Igreja [...], faz parte da essência da sua missão originária" (DCE 32). E continua: "A natureza íntima da Igreja exprime-se num tríplice dever: no anúncio da Palavra de Deus [...], celebração dos Sacramentos, serviço da caridade (*diakonia*), são deveres que se reclamam mutuamente, não podendo um ser separado dos outros" (DCE 25). Para o Papa, o amor é *agape*, que não é uma espécie de atividade assistencial ou um mero sentimento subjetivo, mas sim o serviço concreto ao próximo. Em si, o amor é solida-

---

[49] COMBLIN, *Vocação para a liberdade*, 1998, p. 238.

[50] Cf. MARION, Jean-Luc. *Le phénoméne érotique*: six méditations. Paris: Bernard Grasset, 2003, p. 9.

riedade. Na Carta aos Gálatas, o amor manifesta a vivacidade da fé: "Pois em Cristo Jesus, nem a circuncisão tem valor, nem a incircuncisão, mas apenas a fé agindo pela caridade" (Gl 5,6). O amor no sentido cristão é, portanto, serviço para o bem do outro (cf. Jo 15,13).

Os evangelhos expressam que Jesus agiu com amor e assim manifestou o Reino de Deus[51]. Na Carta aos Gálatas, o amor é visto como um dos frutos do Espírito Santo (Gl 5,22)[52]. A segunda Carta a Timóteo diz que Deus nos deu um espírito de força, de amor (cf. 2Tm 1,7). Se o amor é serviço ao próximo, então ele é força para a pessoa que vive a partir dele. No entanto, o amor cristão não é aquele marcado pelo erotismo e contaminado pela cultura burguesa[53], mas sim o amor definido como solidariedade, como serviço gratuito ao próximo, expresso pela *diakonia* ou pela *agape*. Nesse sentido, amar é servir e libertar-se, pois quem serve de modo solidário serve com liberdade e assim torna-se capaz de auxiliar o outro a também se libertar, pois o serviço e a gratuidade contagiam. Assim, o discípulo de Jesus é chamado a amar a Deus, ao próximo e a si mesmo (cf. Mt 22,37-40).

O amor na vida do cristão

A Conferência dos Religiosos do Brasil observa que, na "visão joanina, [o amor] é seguimento radical de Jesus. É força dinâmica e experiência fundante, geradora de vida e de novos relacionamentos"[54]. A solidariedade e o serviço geram vida porque prezam pela alteridade através de relações humano-comunitárias[55]. Sendo assim,

---

[51] Cf. COMBLIN, José. Os Fundamentos Teológicos da Vida Religiosa. In: *Revista Eclesiástica Brasileira*, t. 29, fasc. 2, 1969, p. 352.

[52] Cf. idem, *O tempo da ação*, 1982, p. 38.

[53] Cf. Idem. *O Espírito no mundo*. Petrópolis: Vozes, 1978, p. 70.

[54] CRB. *O sonho do povo de Deus*: as comunidades e os movimentos apocalípticos: Coleção Tua Palavra é vida 7. São Paulo: Loyola, 1996, p. 212.

[55] Comblin explica que a palavra "agape" não tem equivalente satisfatório nos

é correto definir o amor como solidariedade ou como serviço gratuito. No entanto, o amor *agape* "é objeto de um anúncio: é uma realidade nova que faz irrupção neste mundo". Ele é "feito de obras". Essas obras têm como objeto as pessoas humanas, porque são as únicas que podemos atingir com as nossas mãos", pois "amar não é dizer, mas fazer [...]. O que vale são os atos práticos"[56]. Com isso, o amor não é um sentimento, mas sim uma opção, uma vocação, ou chamado à ação. O Vaticano II também entende o amor pela ação, quando diz que a pessoa é incitada por Cristo a agir com prudência para ajudar outros a se encontrarem na fé (cf. DH 14). A primeira Carta de João diz: "Amados, amemo-nos uns aos outros, pois o amor vem de Deus e todo aquele que ama nasceu de Deus e conhece a Deus" (1Jo 4,7). Se amar é agir e esse amor vem de Deus, então amar é agir com Deus. Por isso, a *agape* provém de uma experiência profunda de Deus, que leva a abrir-se para a força do Espírito divino. O evangelista João reconhece que o discípulo de Jesus se define pela prática do amor: "Nisto reconhecerão todos que sois meus discípulos, se tiverdes amor uns pelos outros" (Jo 13,35). Por isso, a pessoa que age com e pelo amor desde a fé, necessariamente, segue Jesus no caminho de Cristo.

A parábola do bom samaritano mostra que amar é tratar o outro com misericórdia (cf. Lc 10,37). Como prática da misericórdia, o amor cristão supera qualquer ato de merecimento, então ele não

---

idiomas latinos. A tradução antiga e tradicional foi "caridade", um sentido estreito e até pejorativo para a linguagem contemporânea. Outra palavra para traduzi-la foi "amor", mas seu conteúdo emocional e subjetivo, provindo do pensamento burguês, retira-lhe o sentido cristão. Outra tradução ainda seria "solidariedade", não muito usual. De fato, "agape" significa um laço entre membros da mesma família, do mesmo clã, da mesma comunidade e diz respeito à atitude base do povo de Israel. Pelo agape, pode-se intuir que as pessoas se tratem como irmãos (cf. idem, O Espírito Santo e a libertação, 1987, p. 230). Seu caráter central é a "solidariedade" e a "fraternidade". No amor cristão, não há troca, mas sim gratuidade. A comunhão vivida numa comunidade a partir da agape significa a união de dons gratuitos que se cruzam. Assim, uma comunidade cristã que vive a dinâmica da agape é a união de dons que decidem livremente se juntar e viver relações humanas a partir da fé. É a partir dessa perspectiva que se realiza a cultura da comunitariedade.

[56] Idem, *O caminho*, 2004, p. 140, 142, 174.

pode ser reduzido ao nível dos sentimentos, mas consiste em servir o outro de modo concreto, sem interesses próprios. Nesse sentido, o amor e os ministérios estão diretamente implicados. Comblin diz que "o amor que se dirige ao próximo e faz com que discípulos se amem uns aos outros é o amor do próprio Deus"[57]. Assim, a *agape* é divina, dá-se pela interação divino-humano e só acontece se o ser humano conceder que a força do Espírito aja nele. Assim, o amor absoluto é Deus amando através do ser humano[58]. O amor divino age no humano para amar o ser humano. Em si, o ser humano sai de si e volta-se para o outro. Moltmann observa que Deus criou o ser humano por amor porque teve "a capacidade de sair de si mesmo, de transferir-se para o outro ser, de participar do outro ser e de entregar-se por um outro ser"[59]. Como solidariedade, o amor cristão é movido pela alteridade. O Novo Catecismo da Igreja Católica considera que Deus criou o ser humano para fazê-lo participar de sua vida bem-aventurada (cf. CIC 1). Participar da vida de Deus, que é santo, significa amar como Deus ama (cf. Is 6,3), e ser santo é agir pelo bem do próximo. Nesse sentido, o amor cristão é *agape*, que pela solidariedade serve o outro gratuitamente, como retrata a parábola do Bom Samaritano[60]. Pela gratuidade e solidariedade, o amor ao próximo se torna incondicional e dá autenticidade à fé[61]. Essa interação desautoriza uma fé puramente emocional e sentimental, pois a fé requer a ação de amar o próximo para gerar mais vida. Nessa ótica, amar com disposição altruísta, comprometer-se com o outro, servindo de modo solidário, livre, gratuito e sem restrições condiz com o critério para ser discípulo missionário de Jesus.

---

[57] Ibidem, p. 224.

[58] Cf. RAHNER, *Curso fundamental da fé*, 2008, p. 349.

[59] MOLTMANN, *Trindade e o Reino de Deus*, 2011, p. 70.

[60] Cf. COMBLIN, *O caminho*, 2005, p. 145.

[61] Cf. RAHNER, *O desafio de ser cristão*, p. 32.

O amor gera comunhão

A comunhão promove a convivência dos "eus" para formar o "nós", viabiliza a fraternidade e oportuniza os ministérios, que são serviços solidários em vista do bem comum. O fundamento teológico da comunhão cristã, ou *koinonia*, é a Trindade Santa. Boff observa:

> "A comunhão, que é a natureza da Trindade, significa crítica a todas as formas de exclusão e não participação que existem e persistem na sociedade e também nas Igrejas. Ela também incentiva as necessárias transformações para que haja comunhão e participação em todas as esferas da vida social e religiosa. A Santíssima Trindade representa o melhor programa para a libertação integral"[62].

O amor *ágape* gera comunhão porque intensifica as relações entre as diferenças, sem anulá-las. O discípulo de Jesus vive a missão quando age pela *agape*, pois ele evangeliza suscitando o respeito e o reconhecimento do outro, tornando-se mensagem ao interlocutor. Com tal atitude, ele conquista os outros para que também vivam em comunhão[63]. Nessa mesma visão, Marion argumenta que a decisão livre de amar não assegura o ato de amar, mas assegura a possibilidade de o amor acontecer[64]. Com isso, o sentido cristão de amar é acolher o amor na prática ou nas atitudes, podendo ser traduzido pelas ações ministeriais, cujo objetivo é evangelizar.

Moltmann acredita que a liberdade de amar vem da "comunhão do Espírito"[65]. No entanto, o Espírito também gera comunhão. A força do Espírito, que interage com o discípulo, impele-o

---

[62] BOFF, Leonardo. *A Santíssima Trindade é a melhor comunidade*. Petrópolis; Vozes, 1988, p. 176.

[63] Cf. COMBLIN, *O Espírito Santo e a tradição de Jesus*, 2012, p. 41.

[64] Cf. MARION, *Le phénoméne érotique*, 2003, p. 174.

[65] Cf. MOLTMANN, Jürgen. *O Espírito da vida*: uma pneumatologia integral. Petrópolis: Vozes, 1999, p. 207.

a viver a *agape*. Bonhoeffer diz que o fundamento da comunhão cristã é espiritual, visto que se sustenta na verdade de Cristo[66]. Leonardo Boff observa que a comunhão pela fé acontece na força criadora de Deus e suscita na comunidade os mais diversos dons e serviços em prol de todos[67]. A Carta aos Romanos e a primeira Carta aos Coríntios atestam que os dons do Espírito são para o bem comum (cf. Rm 12, 3-13; 1Cor 12, 12-30). O fundamento da comunhão cristã é teológico e, desde os ministérios, ela gera comunidades[68]. O Vaticano II entende que a Revelação divina convida o ser humano à comunhão, e isso "se concretiza através dos acontecimentos e palavras intimamente conexos entre si..." (DV 2). Com isso, a força do querigma leva a pessoa a agir pela *ágape*, a edificar a comunhão e a viver o processo de evangelização. Assim, participar de uma comunidade é vivenciar o Caminho de Cristo, segundo o fundamento da comunhão cristã, que é a Santíssima Trindade.

---

[66] Cf. BONHOEFFER, *Vida em comunhão*, 1997, p. 22.

[67] Cf. BOFF, *A Santíssima Trindade é a melhor comunidade*, 1988, p. 140.

[68] Cf. COMBLIN, *O tempo da ação*, 1982, p. 11.

Considerações Conclusivas

Vimos que tanto os leigos quanto os ordenados são discípulos missionários de Jesus quando agem através de seu ministério em interação com a força do Espírito Santo, sempre orientados pelo Evangelho e em prol do bem comum. Nessa condição, os ministros eclesiais assumem uma vida fundamentada pela fraternidade, solidariedade e caridade. Agir no mundo através dos ministérios eclesiais, anunciando o querigma e evangelizando pelo testemunho de vida e pela esperança de ver realizadas as promessas divinas é o critério da missionariedade. Com isso, o discípulo missionário de Jesus, seja leigo ou ordenado, é convidado a viver e praticar o amor *agape* desde a comunidade para toda a sociedade. O Papa Francisco lembra que o amor é a primeira motivação para evangelizar (cf. EG 264) e que os discípulos de Jesus precisam ser "Evangelizadores com espírito [que] quer dizer evangelizadores que rezam e trabalham" (EG 262). Nesse sentido, o centro da espiritualidade do discípulo missionário de Jesus é agir por uma vida plena, porém, experimentando essa vida nova desde sua ação atual.

Quando o ministro se abre à ação do Espírito em sua vida, ele ruma para a santidade. Se o Espírito é santificador, agir na sua força é viver a santidade. A primeira Carta de Pedro conclama que todos os que assumem a fé são livres e santos, mas alerta que a liberdade pela fé só pode ser relativizada para o bem (cf. 1Pd 1,16). Assim, a santidade não significa sacralizar a pessoa, mas sim abrir-se à força do Espírito, que é Santo. Tal abertura auxilia a superar a secularização, pois agir na força do Espírito dá um sentido novo à vida, ou seja, um sentido santificado: "santo é o que Deus santifica; santo é o que está em consonância com Deus"[1]. Se o discípulo concede a Deus agir em conjunto com suas forças humanas, então ele vive a santidade, "pois o Espírito perscruta todas as coisas, também as profundezas de Deus" (1Cor 2,10). Agir na

---

[1] MOLTMANN, *O Espírito da vida*, 1999, p. 59.

força do Espírito, orientado pelo Evangelho, é agir com Deus em santidade, pois Deus é Santo (cf. Is 6, 3).

O Vaticano II, no Decreto *Presbyterorum Ordinis*, afirma que a santidade acontece pela ação ministerial (cf. PO 13). Mesmo que tal Decreto se refira ao ministério ordenado, essa afirmação vale para todos os ministérios, pois todos provêm dos carismas do Espírito. Se a ação pelo Espírito suscita a liberdade, então santidade e liberdade são dimensões correlativas e complementares. O Vaticano II também afirma que a santidade nasce da ação na força do Espírito, pois ela aparece quando o Evangelho é vivido na prática (cf. LG 39). Essa posição vem do Novo Testamento, o qual relata que Jesus chamou seus discípulos para agirem na realidade a fim de pescarem homens e anunciarem que a santificação é possível a todos (cf. Lc 5,1-11; 1Ts 4,3). Portanto, a pessoa segue o Caminho de Jesus quando age conjuntamente com a força do Espírito, resultando na santidade de vida. Na visão de Moltmann, "santo é tudo aquilo que voltou a ser inteiro, preservado e são"[2]. Em outras palavras, ser santo é ser alguém integrado, livre e não fragmentado. Isso só é possível pela interação humano-divina, isto é, inteirado à força do Espírito. Quanto mais aberto a essa força, mais o ministro leigo ou ordenado será livre, integrado e santo.

Num segundo momento, é importante considerar a necessária reestruturação ministerial eclesial. Os ministérios eclesiais, em sua totalidade, definem o discipulado missionário de Jesus. Assim, os ministérios não podem ser divididos em mais eficazes ou menos eficazes. É preciso superar os graus de valores entre os ministérios. A distinção de valores desautoriza a pensar os ministérios como serviços ao Evangelho, pois separa os discípulos em nível de hierarquia e tolhe a igualdade em dignidade. Uma Igreja de discípulos, cujo horizonte são os carismas do Espírito, deve ser uma Igreja ministerial que age na força do Espírito em todas as contingências históricas. A reestruturação ministerial, portanto, tende a igualar os ministérios em dignidade, mas não anula as diferenças dos ofícios que exercem. Cada ministério precisa ser visto em igual dignidade, mas também em suas diferenças, para que cada discípulo de Je-

---

[2] Ibidem, p. 170.

sus seja missionário em sua condição de vida e com as novidades que cada um tem. Almeida assinala que todos os ministérios são carismas assumidos que se tornam serviço ao Evangelho e, mesmo que, porventura, tenham curta duração, sua importância é vital para a Igreja, pois são dados de acordo com as necessidades da evangelização em cada época e contexto[3]. Por isso, a reestruturação ministerial é imprescindível e deve acontecer de modo permanente, pois, a todo momento o Espírito pode suscitar novos ministérios para responder de modo mais amplo os desafios da ação evangelizadora nesses tempos fluidos e de constantes mudanças.

Enfim, tanto os ministros leigos quanto os ordenados, para serem discípulos missionários precisam viver um esvaziamento de si mesmo. Sem isso, não haverá abertura à força do Espírito Santo nem comprometimento com o processo de libertação na história. Charles Caldwell Ryrie observa que o esvaziamento ou *kénosis* é entendido por alguns como encobrimento da glória que Jesus possuía antes da encarnação, e utilizam alguns textos dos evangelhos para afirmar isso, por exemplo: "E o Verbo se fez carne, e habitou entre nós..." (Jo 1,14) e ainda: "E agora glorifica-me, Pai, com a glória que eu tinha junto de ti, antes que o mundo existisse" (Jo 17,5). Outros, sugerem a *kénosis* como o uso involuntário dos atributos divinos de Jesus, conforme se vê no evangelista João (cf. Jo 1,48; 2,24; 16,30). Todavia, Ryrie aponta que o capítulo dois da Carta aos Filipenses não discute o encobrimento da glória de Jesus, tampouco discute a restrição dos atributos divinos, mas sim o engrandecimento da humanidade[4]. Nessa versão, Jesus não se esvazia de sua divindade, mas se enche de humanidade. O discípulo missionário de Jesus, diante de sua condição humana, não deixa sua humanidade, mas se enche da divindade ao agir conjuntamente com a força do Espírito.

A *kénosis* de Jesus lhe dá humanidade para encher o mundo com sua divindade. A *kénosis* do discípulo lhe dá condição divina

---

[3] Cf. ALMEIDA, Antonio. *Teologia dos ministérios não ordenados na América Latina*. São Paulo: Loyola, 1989, p. 7.

[4] Cf. RYRIE, Charles Cadwell. *Teologia básica ao alcance de todos*. São Paulo: Mundo Cristão, 2003, p. 301.

para encher o mundo com sua humanidade de modo digno. A perseverança e a fidelidade de Jesus até a morte são consequências de sua condição kenótica, que deve ser também a do discípulo. Assim sendo, o discípulo é convidado a viver o serviço ministerial de modo kenótico para que o Espírito aja nele com sua força. A resistência a isso pode prendê-lo aos seus próprios desejos, impossibilitando-o de agir na força divina, que lhe dá capacidade de ser criativo, livre e solidário.

Referências Bibliográficas

A BÍBLIA: Novo Testamento. São Paulo: Paulinas, 2015.
ALMEIDA, Antonio. *Teologia dos ministérios não-ordenados na América Latina*. São Paulo: Loyola, 1989.
BALANCIN, Euclides; STORNIOLO, Ivo. *O livro de Sofonias*: a esperança vem dos pobres. São Paulo: Paulinas, 1991.
BAUMAN, Zigmunt. *Identidade*. Rio de Janeiro: Zahar, 2005.
_____. *Liberdade*. Santo André: Academia Cristã, 2014.
_____. *Sobre educação e juventude*: conversas com Riccardo Mazzeo. Rio de Janeiro: Zahar, 2013.
BOFF, Clodovis. *El evangelio del poder-servicio*. Bogotá: CLAR, 1988, p. 51.
BOFF, Leonardo. *A Santíssima Trindade é a melhor comunidade*. Petrópolis; Vozes, 1988.
_____. *A Santíssima Trindade é a melhor comunidade*. Petrópolis; Vozes, 1988.
_____. *Eclesiogênese*: a reinvenção da Igreja. Rio de Janeiro: Record, 2008.
_____. *O destino do homem e do mundo*. Petrópolis: Vozes, 1973.
BONHOEFFER, Dietrich. *Vida em comunhão*. São Leopoldo: Sinodal, 1997, p. 29.
BOURDIEU, Pierre. *O poder simbólico*. Rio de Janeiro: Bertrand Brasil, 2011.
BRIGHENTI, Agenor. *A pastoral dá o que pensar:* a inteligência da prática transformadora da fé. São Paulo: Paulinas, 2006.
_____. *Metodologia para um processo de planejamento participativo*. São Paulo: Paulinas, 1988.
_____. *Reconstruindo a esperança*: como planejar a ação da Igreja em tempos de mudança. São Paulo: Paulus, 2000.
CERFAUX, Lucien. *O cristão na teologia de São Paulo*. São Paulo: Paulus, 1976.
CHAUI, Marilena. O que é ideologia. São Paulo: Brasiliense, 1985.
CNBB. *Plano de Emergência para a Igreja do Brasil*: Documentos da CNBB 76. São Paulo: Paulinas, 2004.
_____. *Plano Pastoral de Conjunto 1966-1970*. <http://www.cnbb.org.br/site/co mponent/docman/docview/140-77-plano-de-pastoral-de-conjunto-1966-1970>. Acesso em 24 de jun. 2015.

COMBLIN, José. *A Igreja e sua missão no mundo*: breve curso de teologia tomo III. São Paulo: Paulinas, 1985.
_____. *Jesus, o enviado do Pai*. São Paulo: Paulus, 2010.
_____. *A força da Palavra*, 1986, p. 120.
_____. *A maior esperança*. Petrópolis: vozes, 1970.
_____. *A oração de Jesus*. Petrópolis: Vozes, 1972, p. 78.
_____. *Mitos e realidades da secularização*. São Paulo: Herder, 1970.
_____. *O caminho*: ensaio sobre o seguimento de Jesus. São Paulo: Paulus, 2005.
_____. *O caminho*: ensaio sobre o seguimento de Jesus. São Paulo; Paulus, 2005.
_____. *O homem renovado*: curso de formação cristã 18. São Paulo: Paulinas, 1998.
_____. *Os sinais dos tempos e a evangelização*. São Paulo: Duas cidades, 1968.
_____. *Théologie de la ville*. Paris: Éd. Universitaire,1968, p. 69
_____. *Vocação para a liberdade*, 1998, p. 6.
_____. *O Espírito Santo e a libertação*, 1987, p. 152.
_____. *O provisório e o definitivo*.
_____. *O tempo da ação*, 1983, p. 15.
CONGAR, Yves. *"Ele é o Senhor da vida"*: Creio no Espírito Santo 2. São Paulo: Paulinas, 2005, p. 172.
CRB. *O sonho do povo de Deus*: as comunidades e os movimentos apocalípticos: Coleção Tua Palavra é vida 7. São Paulo: Loyola, 1996.
DENZINGER-HÜNERMANN. *Compêndio dos símbolos, definições e declarações de fé e moral*. São Paulo: Paulinas/Loyola, 2007, n. 150.
DRUCKER, Peter. *Sociedade pós-capitalista*. São Paulo: Editora Pioneira, 1999.
DUNN, James. *A teologia do apóstolo Paulo*. São Paulo: Paulus, 2003.
FERRY, Luc; GAUCHET, Marcel. *Depois da religião*: o que será do homem depois que a religião deixar de ditar a lei? Tradução Nícia Adan Bonatti. Rio de Janeiro: Difel, 2008.
FRANCISCO, Papa. *Caminhar com Jesus*: o coração da vida cristã. São Paulo: Fontanar, 2015.
HÄRING, Bernhard. *A lei de Cristo*: teologia moral para sacerdotes e leigos Tomo I. São Paulo: Herder, 1960.
_____. *Vocação de todos à perfeição*. In: Leigos e vida cristã perfeita. São Paulo: Paulinas, 1967, p. 135-186.
HARVEY, David. *Condição pós-moderna*: uma pesquisa sobre as origens da mudança cultural. São Paulo: Loyola, 2013.

INSTITUTO CATEQUÉTICO SUPERIOR DE NIJMEGEN, *O Novo Catecismo*, 1969.
KANT, Immanuel. *Crítica da razão pura*: os pensadores. São Paulo: Abril Cultural, 1980.
KONINGS, Johan. *Jesus nos evangelhos sinóticos*. Petrópolis: Vozes, 1977.
LE GOFF, Jacques. *Em busca da Idade* Média. Rio de Janeiro, 2012.
LEVINAS, Emmanuel. *O tempo e o outro*. Tradução ao manuscrito de Ulpiano Vázquez. Belo Horizonte: FAJE, 2011.
LIBANIO, João Batista. *Eu creio, nós cremos*, 2004.
_____. *O que é pastoral*. São Paulo: Brasiliense, 1983.
LIGÓRIO, Afonso. *A prática de amar a Jesus Cristo*. Aparecida: Santuário, 1994.
MARION, Jean-Luc. *Le phénoméne érotique*: six méditations. Paris: Bernard Grasset, 2003.
MATEOS, Juan; BARRETO, Juan. *O evangelho de João*: análise, linguística e comentário exegético. São Paulo: Paulinas, 1989.
MCKENZIE, John. *Dicionário bíblico*. São Paulo: Paulinas, 1983.
MENDONZA-ÁLVARES, Carlos. *Deus ineffabilis*: uma teologia pós-moderna da revelação do fim dos tempos. São Paulo: É Realizações, 2016.
MERLOS-ARROYO, Francisco. *Teología contemporánea del ministerio pastoral*. México: Palavras e Ediciones, 2012.
MERTON, Thomas. *O homem novo*. Petrópolis: Vozes, 2006.
MIDALI, Mario. *Teologia pastorale o pratica*: caminno storico di una riflessione fondante e scientifica. Roma: Librearia Ateneo Salesiano, 1985.
MOLTMANN, Jürgen. *A fonte de vida*: o Espírito Santo e a teologia da vida. São Paulo: Loyola, 2002.
_____. *A Igreja no poder do Espírito*: uma contribuição à eclesiologia messiânica. Santo André: São Paulo, 2013.
_____. *Ética da esperança*. Petrópolis: Vozes, 2012.
_____. *O Espírito da vida*: uma pneumatologia integral. Petrópolis: Vozes, 1999.
_____. *Quem é Jesus Cristo para nós hoje?* Petrópolis: Vozes, 1997.
_____. *Teologia da esperança*: estudos sobre os fundamentos e as consequências de uma escatologia cristã. São Paulo: Teológica/Loyola, 2005.
_____. *Trindade e Reino de Deus*: uma contribuição para a teologia. Petrópolis: Vozes, 2011, p. 190.

NYGREN, Andres. *Eros et Agapè:* la notion chrétienne de l'amour et ses transformations. Paris: Aubier, 1930.
PATTE, Daniel. *Paul, sa foi et la puissance de l'evangile.* Paris: Les Éditions du Cerf, 1985.
PEREIRA, Isidro. *Dicionário grego-português e português grego.* Braga: Livraria do Apostolado da Imprensa, 1990.
PIO XII, Papa. Encíclica *Ad Sinarum Gentem,* 1954 <http://www.vatican.va/holy_father/pius_xii/encyclicals/documents/hf_pxii_enc_07101954_adsinarumgentem_lt.html> Acesso em 13 de jun. 2014.
RAHNER, Karl. *A caminho do homem novo:* a fé cristã e ideologia terrenas do futuro. Petrópolis: Vozes, 1964.
_____. *Curso fundamental da fé:* introdução ao conceito do cristianismo. São Paulo: Paulus, 2008.
_____. Estruturas em mudança: tarefas e perspectivas para a Igreja. Petrópolis: Vozes, 1976.
_____. *Missão e graça I:* pastoral em pleno século XX. Petrópolis: Vozes, 1964.
RATZINGER, Joseph. *Fé e futuro.* Petrópolis: Vozes, 1971.
_____. *Introdução ao cristianismo:* preleções sobre o símbolo apostólico. São Paulo: Herder, 1970.
_____. *O novo povo de Deus.* São Paulo: Paulinas, 1974.
_____. *Os apóstolos e os primeiros discípulos de Cristo.* São Paulo: Planeta do Brasil, 2012.
RYRIE, Charles Cadwell. *Teologia básica ao alcance de todos.* São Paulo: Mundo Cristão, 2003.
SCHILLEEBECKX, Edward. *Jesus:* a história de um vivente. São Paulo: Paulus, 2008.
_____. *Por uma Igreja mais humana:* identidade cristã dos ministérios. São Paulo: Paulinas, 1989, p. 280.
SOBRINO, *Jesus, o libertador:* a história de Jesus de Nazaré: Coleção Teologia e Libertação: série II: O Deus que liberta seu povo. São Paulo: Vozes, 1994, p. 71.
TABORDA, Francisco. *A Igreja e seus ministros:* uma teologia do ministério ordenado. São Paulo: Paulus, 2012, p. 32; 49.
_____. *Nas fontes da vida cristã:* uma teologia do batismo-crisma. São Paulo: Loyola, 2001.
TOMÁS DE AQUINO, Da Esperança em si mesma. In: Ibidem. *Suma Teológica*: 2ª parte da 2ª parte: Questões 1-79. Porto Alegre: Escola Superior de Teologia São Lourenço, 1980, Q. XVII, A. I.

XAVIER, Donizete José. *A teologia da Santíssima Trindade*: Kénosis das Pessoas Divinas como manifestações do amor e da misericórdia. São Paulo: Palavra e Prece Editora, 2005.
ZILLES, Urbano. *Antropologia teológica*. São Paulo: Paulus, 2011.

Artigos

ALBERIGO, Giuseppe. O Povo de Deus na experiência de fé. *Concilium* 1984/6, ano 20, n. 196 6, p. 35-49).
BOFF, *O necessário resgate do sagrado*, 2012 < http://www.jb.com.br/leonardo-boff/noticias/2012/12/09/o-necessario-resgate-do-sagrado/> Acesso em 27 de out. 2015).
BRIGHENTI, Agenor. *A Ação Católica e o novo lugar na Igreja e na sociedade*. In: http://ordosocialis.de/pdf/Brig henti/A Acao Catolica e Sociedade.pdf> Acesso em 30 abr. 2015.
_____. Itinerário de uma ousadia que continua fazendo caminho: prefácio à edição brasileira. In: GUTIÉRREZ, Gustavo; MÜLLER, Gerhard Ludwig. *Ao lado dos pobres*: Teologia da Libertação. São Paulo: Paulinas, 2014.
CARRARA, Paulo Sérgio. Apologia do fragmento: pertinência teológica da sinfonia adiada de Christian Duquoc. *Revista Horizonte*, Belo Horizonte, v. 13, n. 40, out./dez. 2015, p. 2036-2063.
COMBLIN, *As sete palavras-chaves do Concílio Vaticano II* < http://www.vidapastoral.com.br/artigos /documentos-e-concilios/as-sete-palavras-chave-do-conciliovatican o-ii/> Acesso em 10 de out. 2015.
_____. Os Fundamentos Teológicos da Vida Religiosa. In: *Revista Eclesiástica Brasileira*, t. 29, fasc. 2, 1969.
_____. A evangelización como negatividad y profecía. In: GUTIÉRREZ, Gustavo et alii. *Salvación y construcción del mundo*. Santiago: Dilapsa, 1968, p. 137-138.
_____. Comunidades Eclesiais e Pastoral Urbana. In: *Revista Eclesiástica Brasileira*, v. 30, n. 120, p. 783-828, dezembro de 1970.
_____. *futuro dos ministérios na Igreja latino-americana*. Petrópolis: Vozes, 1969, p. 24-25.
_____. O que é a "História do Espírito": (Geistesgeschichte)? *Revista de História*, São Paulo, n. 49, 1962, pp. 139-153.
_____. Os ministérios numa sociedade em via de urbanização. *Perspectiva Teológica*, São Leopoldo, v. 2, n. 2, p. 41-56, jan. 1970, p. 41-56.
_____. O conceito de comunidade e a teologia. In: *Revista Eclesiástica Brasileira*, v. 30, n. 118, junho de 1970.

_____. *Reino de Deus*, 1997, < http://vidapastoral.com.br/artigos/cristologia/reino-de-deus-utopia-profetica-de-jesus-na-vivencia-crista-hoje/> Acesso em 29 de jun. 2015.

_____. *Sujeitos e horizontes novos*. In: SUESS, Paulo (org.). Queimada e semeadura: da conquista espiritual ao descobrimento de uma nova evangelização. Petrópolis: Vozes, 1988.

LAURENTIN, René. Os carismas: precisão de vocabulário. *Concilium*, Petrópolis, n. 129, fasc. 9, p. 6-15, nov. 1977.

LIMA, Luis Corrêa. Evangelii Gaudium: contribuições para as questões contemporâneas. In: AMADO, Joel Portela; FERNANDES, Leonardo Agostini (orgs.). *Evangelii Gaudium em questão*: aspectos bíblicos, teológicos e pastorais. São Paulo: Paulinas; Rio de Janeiro: Editora PUC-Rio, 2014.

LORSCHEIDER, Dom Aloísio Cardeal. *Os ministérios da Igreja*. Taubaté: Jornal "O Lábaro" da Diocese de Taubaté, junho de 1998, p. 2.

NUNES, Antônio Vidal. Religação e religião em Xavier Zubiri. In: ROSA, Wanderley Pereira da; RIBEIRO, Osvaldo Luiz. *Religião e sociedade (pós) secular*. Santo André: Academia Cristã, 2014, p. 9-34.

RAHNER, Karl. *Sobre la relación entre la naturaleza y la gracia*. Escritos de Teología I. Madrid: Taurus Edicionaes, 1967.

SCHILLEBEECKX. Edward. Ministerios en la Iglesia de los pobres. *Concilium*, Madrid, vol. XX, n. 196, p. 456-457, nov.-dez. 1984.

 A marca FSC® é a garantia de que a madeira utilizada na fabricação do papel deste livro provém de florestas que foram gerenciadas de maneira ambientalmente correta, socialmente justa e economicamente viável.

Este livro foi composto com as famílias tipográficas Soutane e Candara e impresso em papel Offset 75g/m² pela **Gráfica Santuário.**